웃을 준비가 되어있는 　　　　　　　　　　　　　님께 드립니다

20 　년　　　월　　　일

오경택의
거시기, 머시기 유머

오경택의
거시기, 머시기 유머

오경택 지음

모아북스
MOABOOKS

왜 거시기, 머시기인가?

이 책의 제목이 의미하는 '거시기, 머시기'는 바로 '거룩하게, 멋있게!' 살자고 하는 오경택의 멘토링 구호입니다.

우리는 한 번 사는 인생을 너무나 힘겹게 여기며 하루하루를 살아가고 있습니다. 이 아름다운 세상에 자신의 꿈을 마음껏 펼쳐야 하지 않을까요?

낙담하고 포기하고 그래서 서로를 믿지 못하고 배반하며 사는 하루하루는 너무 아깝지 않을까요?

긍정적인 멘트 한마디가 사람에게 희망의 촉매제가 될 수 있습니다. 또한 이 세상을 더 행복한 곳으로도, 암울한 곳으로도 만들 수 있습니다.

왜 찡그리며 살아야 합니까?

웃기는 삶을 한번 살아봅시다. 웃는 삶을 한번 살아봅시다.

이왕 한번 사는 인생, 거룩하게 멋있게 살아봅시다.

열정을 가지고 살아봅시다.

웃음은 에너지를 주고, 그 에너지는 타인을 웃게 합니다. 그리고 우리 이웃의 웃음은 다시 우리에게 돌아옵니다.

그렇게 서로를 웃겨주는 삶, 그것이 바로 거룩한 삶, 멋진 삶이 아니겠습니까?

왜, 거시기, 머시기 유머책을 써야 했는가!

저는 86년도에 포스코에 입사하여 18년 동안 포스코 영빈관에서 근무하다가 포스코 패밀리 외주사 포스웰에서 행복전도사로 근무하고 있습니다. 또한 포스코 신입 직원들을 대상으로 국제매너를 가르치는 강사로, 포스코 동우회 고정 MC로 6년째 활동하고 있습니다.

지금까지 포스코 직원들에게 대인관계에 대해서, 또는 사회자의 진행 요령에 대해 가르치며 준비했던 강의 노트, 그리고 사회를 보며 느낀 바들을 모두 이 책에 담았습니다.

　이 책을 읽는 독자들은 어떤 자리에서든 리더로서 사람들을 이끌고 있는 분들일 것입니다. 내 직원들을 배꼽 잡고 웃게 하기 위해서, 그래서 살맛나는 회사, 일할 맛 나는 조직으로 만들기 위해 노력하는 분들이라 생각합니다.

　유머는 힐링입니다. 여러분에게도, 여러분이 이끄는 조직에도 유머는 지친 마음을 위로하는 힐링이 될 것입니다.

　또 앞으로의 긴 인생에서 유머는 사람들을 내 편을 만드는 강력한 무기가 되어줄 것입니다.

　그런 유머의 의미를 잊지 말고, 이제 거시기든 머시기든 한번 시작해봅시다. 웃어야 성공합니다. 또, 웃어야 건강합니다.

벚꽃의 웃음으로 가득한 5월에

저자　오 경 택

3장 거시기, 머시기 뒤집기 유머

1장

유머 감각이
있는 사람이
세상을 리드한다

1. 시대는 변하고 있다

현재는 바야흐로 표현의 시대다.

대선 후보도 말주변이 좋아야 대중의 인기를 끌며 회사의 리더 자리에 있는 이들도 권위보다는 젊은 감각을 표현해야 살 수 있다. 점심시간 직장인들의 대화에서 개그콘서트 유머 한 조각 알지 못해서는 자리에 끼기 어렵다.

이것이 현실이다.

사회생활하다 보면 공식적, 비공식적 모임도 잦다. 이런 자리에서 멋진 건배사 한마디 외쳐줘야 한다. 그래야 사람들의 마음이 열리는 것이다. 사람들의 마음을 열 수 있어야 인생에 기회도 생긴다.

3초 안에 모든 것은 승부가 난다. 거꾸로 얘기하면 3초 안에 사람들의 마음을 열어 내 편으로 끌어당길 수 있는 것이다.

이것은 간단한 듯하면서도 어려운 일이다. 우리나라 사람들처럼 과묵함을 자랑하는 국민들에게는 참 쉽지 않은 일이다. 그래서 우리에게는 어떤 요령과 방법을 익힐 수 있는 기회가 필요하다.

학원에서 사람들과 같이 큰 소리로 말하는 트레이닝을 하고 좌중 앞에 서는 배포를 키우고 스피치 연습을 한다면 물론 도움이 될 것이다. 그러나 유머와 스피치를 배우기 위해 학원에 다닐 시간과 돈의 여유가 있는 이들이 얼마나 될까?

이에 필자는 책을 통해 여러분의 고민을 함께 나누고자 한다. 대인관계에 대한 고정된 습관을 깨고 실전 유머에 뛰어들 수 있도록 트레이닝을 할 것이다. 그것이 독자들의 미래에 작은 도움이 될 것이라 믿는다.

상대의 마음을 여는 일침을 배우자

강의를 하다 보면 웃음이 바로 상대의 마음을 여는 열쇠임을 알게 된다. 스피치든, 강연이든, 행사 진행이든 좌중 앞에 서면 우선 재미있게 해야 그 자리는 성공적으로 끝이 난다.

웃음은 마치 바이러스처럼 옆 사람에게, 또 그 옆 사람에게 옮겨가서 마침내는 자리의 모든 사람들에게 퍼져나가는 신비로운 힘을 지니고 있다. 일단 한바탕 크게 웃으면 상대는 나의 말에 귀를 기울이게 된다.

웃음은 서로 힘을 합해야만 살 수 있는 인간들을 위해 신이 마련해 놓은 선물이다. 웃을 수 있는 존재는 이 지구 위에 인간밖에는 없다.

그러나 인간 중에는 이 천혜의 능력을 잘 이용하여 살아가는 사람과 그렇지 않은 사람이 있다. 그 능력은 신이 주셨지만 그것을 선택하는 것은 자기 자신인 것이다.

웃음은 상황을 호전시키는 놀라운 힘을 지니고 있다. 계약을 성사시키거나 아랫사람을 다독일 때 유머 한마디로 분위기는 급반전을 이룰 수 있다. 그런 능력을 지닌 사람은 일에서도 훨씬 유능한 사람으로 돋보인다. 그것이 바로 웃음의 위력이고 유머의 효과이다.

웃음은 신체의 건강을 좌우한다

무병장수하는 사람들의 공통점을 찾아보면 하나같이 유머감각이 있고 웬만한 일에는 웃음으로 넘길 수 있는 사람들이다.

일소일소일노일로(一笑一少一怒一老)라는 말도 있지 않은가. 한 번 웃으면 한 번 젊어지고, 한 번 노하면 한 번 늙는다는 뜻이다.

웃음은 실제로 혈류량을 증가시키고 근육을 강화시키는 효능이 있다. 코미디 프로를 보고 한바탕 웃고 나면 스트레스가 해소되고 몸까지 가뿐해지는 경험은 누구나 해보았을 것이다.

웃음은 인체의 면역기능을 증강시키고, 스트레스를 줄인다.

스탠포드 의대 윌리엄 프라이 교수는,

"크게 웃는 것은 체내의 낡은 공기와 새 공기의 교환을 촉진시켜 혈중 산소 농도를 높인다."라고 발표한 바 있다.

웃음은 뇌에 베타 엔도르핀의 분비를 활성화시키는데 이는 뇌의 모르핀 수치를 증가시킨다는 것이다. 일반인들은 물론 심장마비, 중풍, 암 등의 심각한 질병에도 웃음이 저항력을 높여준다고 한다.

웃음에 이런 효과가 있는 것은 현대에 이르러 밝혀졌지만, 우리의 옛 어른들은 삶 속에서 그런 지혜를 터득하고 있었다.

우리의 선인은 웃음을 아는 민족이었다

전통 혼례에서 신랑신부가 첫날밤을 맞을 때, 마을 젊은이들은 신방 문창지에 구멍을 내고 안을 엿보았다.

인생의 큰일을 처음 치르고 있는 어린 신랑신부가 그 커다란 무게를 어찌 감당하겠는가? 그러나 문밖에서 들려오는 키득거리는 소리가 신랑신부에게 전달된다. 웃음은 주위 사람에게 전염되는 힘이 있으니, 아마도 어린 신랑신부의 두려운 마음은 짓궂은 마을 청년들 덕에 적이 누그러졌을 것이다.

슬픈 날에도 우리 선조들의 유머 본능은 그대로 발휘되었다.

우리의 전통적인 상례에서는 요기참(療飢次)이라는 것이 있었다. 상여꾼들에게 쉴 참마다 쥐여주는 돈이었다.

상여꾼들은 고인이 정든 마을을 떠나며 한 고개를 넘어설 때마다 한 번 더 쉬어 가자며 실랑이를 벌였다.

"어허~ 어하~ 저승길이 멀다더니 문턱 너머가 저승일세. 어허~ 어하~ 저승길을 가는데도 노잣돈이 필요한가."

그러면 상주는 눈물을 씻고 얼른 상여꾼들에게 달려가 요기참을 쥐여주었다.

이런 풍경 속에서 사람들은 잠시 울음을 쉬고 한숨돌리며 허탈한 웃음이라도 지을 수 있었다. 그래서 옛 장례식은 슬픔과 음울함이 아닌, 돌아가는 이들을 위한 마지막 여행길이 될 수 있었던 것이다.

우리는 극도의 슬픔 속에서도 한 자락 유머를 찾을 줄 알았던 민족이다.

우리의 고전 문학 속에도 유머가 담기지 않은 것은 없다. 탈춤이나 판소리에는 서민들의 고달픈 삶을 한방에 날려버리는 해학이 담겨 있었다. 봉산탈춤의 말뚝이가 기발한 언어유희로 양반을 조롱하는 모습을 보며 장터에 모인 백성들은 한바탕 크게 웃었다.

생원 : 쉬이~ 이놈 말뚝아! 이놈 말뚝아! 아, 이놈 말뚝아!
말뚝이 : 예에에. 아, 이 제미를 붙을 양반인지 좆반인지 허리 꺾어 절반인지 개다리 소반인지 꾸레미전에 백반인지, 말뚝아 꼴뚝아 밭 가운데 최뚝아 오뉴월에 밀뚝아 잔대뚝에 메뚝아 부러진 다리 절뚝아, 호도엿 장사 오는데 할애비 찾듯 왜 이리 찾소?

양반에게 핍박당하고 지배층에게 수탈을 당하며 살았던 서민들에게 이런 웃음마저 없었다면 어찌 살 수 있었겠는가.
웃음은 예로부터 우리에게 치료약이요, 삶의 방법 그 자체였다. 그런 우리들이 언제부터 웃음이 없는 무뚝뚝한 민족성을 갖게 되었는지 참으로 안타까운 일이 아닐 수 없다.

2. 우리는 소통 문화를 가져야 한다

    지금 우리 사회의 큰 문제로 꼽는 것이 계층간, 세대간, 남녀간 불통의 문제이다. 나라의 지배층과 서민들 사이에 불신이 쌓이고, 고용인과 피고용인 사이에 골이 깊어 해소되지 않고 있다.

    이런 불통의 사례는 지역 간에, 소득의 차이에 따라, 심지어는 세대에 따라, 성별에 따라 극심한 반목을 빚어내고 있다. 서로의 차이를 이해하고 보듬기는커녕 조그만 차이라도 들어 싸우기 바쁜 사회가 된 것이다.

    필자가 '유머는 생존의 법칙이다' 라고 말하는 가장 큰 이유는, 이대로 가다가는 우리 사회가 와해되어버릴 것 같은 위기감 때문이다.

유머는 소통의 방법으로 최고다

뉴스나 인터넷을 보다 보면 계층간, 세대간 갈등의 골이 너무나 깊다는 것을 느낀다. 자신과 다른 사람들에 대한 인터넷 악성 댓글은 무서울 정도이다.

구성원들이 서로를 물어뜯는 사회는 유지될 수 없다.

미움은 불신에서 오고, 불신은 불통에서 비롯된다. 말이 통하지 않고, 생각이 통하지 않는 것이다. 아무리 해도 통하지 않는다는 절망을 느끼면 마음속에 미움의 싹이 튼다.

왜 이리도 통하지 않는 사회가 되었을까?

모두가 생활에 허덕이다 보니 타인을 받아들일 수 있는 마음의 여유가 사라진 것이라고 사람들은 말한다. 그러나 우리 마음이 그렇게 각박해져야만 하는가?

어떤 일이라도 너털웃음 한방으로 날려버릴 수 있는 여유가 필요하다. 경직된 관계를 유머 한방으로 부드럽게 마사지할 수 있는 능력, 지금과 같은 불통의 시대에 꼭 필요한 자질이다.

심각해질 것 없어요

과연 이마에 주름을 만들며 심각한 이야기만 늘어놓는 것이 인생을 진지하게 살아가는 것일까?

유명한 소설가 베르나르 베르베르는 《웃음》이라는 책에서 이렇게 말했다.

"이따금 우리의 생각이 명철해질 때면 세상만사가 사람들이 말하는 것만큼 심각하지 않다는 것을 깨닫게 돼요. 우리의 정신이 집착에서 벗어나 초연해지면 우리 자신까지도 조롱할 수 있어요."

"우리가 웃는 까닭은 현실을 초월하기 위함이에요."

유머는 실없는 시간 때우기가 아니다. 인생에 초연한 성인일수록 웃음의 가치를 잘 알고 있었다.

성경을 보면 예수님이 사람들과 소통하기 위해 진지한 가르침을 열거하기보다는 재미있는 비유와 유머를 구사했음을 알 수 있다. 가끔 유머는 그 어떤 명철함보다 더 깊은 지혜를 전달하고 사람들의 마음을 움직인다.

어려운 때일수록 유머러스한 말 한마디로 분위기를 반전시킬 수 있는 능력이 필요하다. 소통이 되지 않는 사람들일수록 함께 크게 웃음으로써 차가운 관계에 따뜻한 기운을 불어넣어야 한다.

그런 능력을 가진 사람이 어느 집단에서든 리더가 된다.

한 방에 제압한 유명인의 유머 일화를 보자

윈스턴 처칠은 자신을 공격하는 이들에게 이런 유머를 구사했다.

"영국은 아침에 늦게 일어나는 정치인을 필요로 하지 않습니다."

"글쎄요, 당신도 나처럼 예쁜 부인과 함께 산다면 아침에 결코 일찍 일어나지 못할 겁니다."

폴 존슨은 위대한 지도자의 다섯 가지 덕목 중 하나로 유머를 꼽았다. 상황에 대처하고 사람들을 내 편을 만드는 데 유머만 한 무기는 없기 때문이다.

제2차 세계대전 중에 영국은 독일군의 폭격을 받아 버킹엄궁의 벽이 무너지고 말았다. 민심은 흉흉해지고 사람들은 분열되기 시작했다.

영국 왕실은 국민들을 향해 이렇게 발표했다.

"그동안 왕실과 국민들 사이를 가로막고 있던 벽이 무너졌습니다. 이제 여러분의 얼굴을 더 잘 볼 수 있게 되어 다행입니다."

유머를 잃지 않는 왕실의 태도에 국민들은 든든함을 느꼈고 우왕좌왕하고 불안하던 사회 분위기를 전환할 수 있었다. 그것이 전쟁을 승리로 이끈 큰 힘이 되었음은 물론이다.

지금 리더에게 요구되는 것이 이러한 유머의 리더십이다. 사람은 희망이 없다면 살 수가 없다. 비전이 없는 사회는 죽은 사회다. 그렇다면 무엇이 사람들의 마음에 희망을 만들어주는 것일까?

링컨은 남북전쟁 중에 이런 말을 했다.

"나는 울면 안 되기 때문에 웃는다."

심각한 표정이 되어 전전긍긍하는 리더를 보면 사람들은 불안감을 느낀다. 무슨 일이 있어도 흔들리지 않을 것 같은 리더의 대범한 모습에서 사람들은 희망을 얻는 것이다. 그렇기 때문에 불안한 때일수록 리더에게는 유머감각이 필요하다.

3. 연애시대? 소녀시대? 아니, 유머시대!

현대를 일컬어 자기 PR의 시대라고 한다. 너무나 다변화된 사회에서 자기를 드러내는 것이 무엇보다 필요한 사회가 되었기 때문이다.

이제 묵묵히 자기 일만 잘하는 것으로는 부족하다. 온갖 매체가 발달하여 사람들은 모두 블로그다, SNS다 하며 자기표현을 위해 날고 뛰는데 나는 가만히 앉아 내 일만 묵묵하게 하겠다는 것은 너무나 시대착오적인 생각이다.

자기를 드러내는 데 필수적인 것이 바로 유머다. 나에게 집중시키고 강한 인상을 남기는 데 유머만큼 효과적인 것은 없다.

예전에는 유머란 것이 그저 소소한 삶의 즐거움일 뿐인 때도 있었다. 그러나 지금은 살아남느냐 마느냐를 결정짓는 생존의 법칙이 되었다.

전국민이 예능인

회사에 입사를 할 때도, 부하직원들에게 인기를 끌고 싶을 때도 우리는 자신의 표현 능력에 절망할 때가 많다. 남들처럼 멋드러지게 자기소개를 하고 싶은데 말주변이 부족하고, 부하직원들을 한 번에 휘어잡을 수 있는 유머감각도 부족하고……. 어떤 유머를 말해도 분위기가 썰렁해지기만 한다는 이들도 있다.

그래서 요즘 사람들은 코미디 프로를 보며 최신 유머를 배운다. 그래야 부하직원들과의 점심 대화에서 멀뚱히 앉아 있지 않고 적당한 때에 웃어주기라도 할 수 있기 때문이다.

누군가에게는 참 고달픈 일일지도 모르지만, 지금은 전 국민이 예능인이 되려고 몸부림치는 시대다. 유머 있는 사람이 뒤떨어지지 않는 사람으로 여겨지고, 또 말을 잘해야 자기 존재를 알릴 수 있으니, 재치 있는 입담 없이는 사회생활도 쉽지 않은 시대가 된 듯하다.

의사나 교수, 법조인들도 TV 예능 프로에 나와 입담을 자랑하고 나면 병원 매출이 올라가고 강의 문의가 쇄도한다. '입담=수입' 이라 해도 과언이 아닐 정도다.

그러나 이것을 부정적인 시각에서만 볼 일은 아니다. 예로부터 우리 선조들은 말하는 능력, 글쓰는 능력으로 인물됨을 평가하였다. 이는 인물의 소양과 그 표현능력을 본 것이다. 지금 다시 사람들의 전인적인 능력을 높이 사는 시대가 되돌아온 것일 뿐이다.

그런 능력을 높이 사는 이유는 그만큼 사회가 복잡해지고 다변화되었기 때문이다. 어떤 일이든 관련된 여러 사람들과 얽혀 복잡다단하게 돌아간다. 혼자만의 능력을 고집한 채 소통하지 않고 고립되어서는 발전이 없고 정보의 교류도 없으니 시간이 지날수록 뒤떨어질 수밖에 없는 것이다.

현대는 정보화 사회라고 한다. 산업사회에서는 학교에서 배운 지식으로 평생을 살 수 있었을지 몰라도 지금은 그럴 수 없다. 끊임없이 새로워지는 정보를 계속하여 습득하고 꾸준히 소통이 이루어져야만 시대를 따라갈 수 있다.

재치 있는 입담이란 그 사람이 얼마만큼 세상에 열려 있는지를 가늠하게 해주고, 유머는 그 사람의 넉넉한 넓이를 보여준다. 말이 깨인 사람은 생각이 깨인 것이다. 따라서 사람들이 유머 있는 사람, 입담 좋은 사람에게서 능력과 가능성을 기대하는 것은 당연한 일이다.

전국민이 예능인처럼 유머를 계발하고 사람들을 즐겁게 해주려 노력하는 것은 괜한 일이 아닌 것이다.

유머 광고

유머는 지금 광고업계에서도 트렌드로 자리 잡았다.

유머 광고의 가장 큰 장점은 주의집중 효과가 크다는 것이다. 온갖 상품의 광고가 넘쳐나는 요즘 같은 시대에는 광고를 보게 만드는 것 자체가 중요한 일이 되었다.

또 그것이 사람들 사이에 회자될 수 있다면 그 효과는 극대화된다. 호기심을 유발할 수 있다면 우선 첫 번째 성과는 이룬 것이다. 그다음은 사람들 머릿속에 다시 떠오르게 하는 것이고, 마지막으로는 긍정적인 이미지를 심어주는 것이다.

이런 유머 광고의 원리는 일반인들의 자기표현 방법에도 그대로 적용된다. 우리는 한 분야에서도 경쟁자가 너무도 많은 시대에 살고 있다. 많은 사람들 중에 자신을 돋보이게 하려면 무엇보다 한 번이라도 자신에게 주의를 집중시킬 수 있어야 한다. 여기에 유머만큼 효과적인 것은 없다는 것이다.

누구나 할 수 있는 말만 하는 사람, 정해진 순서대로 격식만 차리는 사람은 타인의 기억에 남지 않는다. 기억에 남으려면 스토리가 있어야 하고, 적절한 유머의 구사는 그 사람에게 스토리를 만들어준다. 그 사람의 인상과 함께 유머의 스토리가 함께 떠오른다면 일단 기억하기

쉽다.

그리고 그 유머가 매우 위트 있고 또 기분 좋게 웃게 하였다면, 자기 PR은 성공을 거둔 것이다.

따라서 유머를 구사할 때 어떤 요령이 필요한지를 알아야 한다. 무엇이 타인을 기분 좋게 하는 유머인지를 알아야 분위기가 썰렁해지며 마이너스가 되는 막유머를 피할 수 있다.

현대의 코드는 FUN(재미)이다

〈강남 스타일〉에 이어 〈젠틀맨〉까지 세계적인 성공을 이룬 싸이의 경우를 보면 현대의 소통 코드가 무엇인지 알 수 있다.

현대의 코드는 단연 '재미' 다. 싸이의 뮤직비디오가 유튜브를 통해 전 세계인에게 퍼져나간 데 쓰였던 마케팅은 단지 "그 뮤직비디오 봤니? 재밌더라."라는 사람들의 입소문뿐이었다.

사람들을 말하게 하는 것, 그것이 바로 마케팅이다. 우리가 문화상품을 소비하든, 물건을 구매하든 "그거 재밌더라", "그 물건 좋더라"라는 말만큼 효과적인 것이 있을까? 지인의 말 한마디는 어떤 광고보다 우리에게 믿음을 준다.

싸이는 데뷔 초부터 재미 코드를 잘 알고 있던 가수였다. 데뷔곡인 〈새〉에서부터 웃기는 노랫말과 춤이 대중의 눈길을 끌었다. 심각한 사랑 노래를 부르는 가수는 수도 없이 많았지만 그렇게 유머러스한 무대를 연출하는 가수는 드물었던 때다. 지금 생각해보면 시대를 앞서갔던 사람인 것이다.

그 당시에는 싸이의 무대가 품위 없다며 비웃었던 사람들도 많았다. 어디서 저런 가수가 나왔나 의아해하는 사람들도 있었다. 그러나 그의 웃음 코드는 대중의 마음을 사로잡았고 웃음과 감동을 함께 주는 그의 콘서트는 입소문을 타고 젊은이들 사이에서 하나의 문화 코드로 번져나갔다.

지금의 싸이 무대가 천박하다고 비웃을 사람은 아무도 없을 것이다. 유머와 웃음이야말로 세계인의 만국 공용어라는 것을 그는 증명해 보였기 때문이다.

4. 유머는 힐링이다

현대의 복잡한 삶은 많은 사람들에게 마음의 병을 앓게 한다. 우울증 환자들은 바로 웃음을 잃는 병에 걸린 사람들이다.

자신의 인생을 긍정하지 못하면 삶의 의미를 잃고 어떤 일에도 행복감을 느끼지 못하게 된다. 우울증은 자신을 죽이고 싶어하는 병이라는 무서운 말까지 있다.

이런 이들에게 필요한 말은, 행복해서 웃는 것이 아니라 웃으면 행복해진다는 짧은 명언이다. 힘들어하는 이들에게 너무 간단한 처방 같아 보이지만, 이것이 진리라고 믿는다.

웃음은 우리의 영혼을 위로하는 명약이다. 한 번 더 웃는 습관이 생활이 되고, 그런 순간 순간이 모여 인생이 된다.

유머로 이겨내라

한때 100킬로그램이 넘었던 흑인 여성, 가난과 성추행으로 비참한 어린시절을 보냈던 여자아이, 바로 〈오프라 윈프리 쇼〉를 진행하며 많은 이들에게 웃음과 감동을 선사한 오프라 윈프리이다.

그녀는 "나에게 유머가 없었다면 오늘의 나는 없었을 것이다"라고 말하며 자신이 인생의 고난을 이겨낸 열쇠가 무엇이었는지 밝힌 적이 있다.

인간에게 유머감각이 없었다면 세상은 지금과는 많이 달라졌을 것이다. 힘든 환경에서 태어난 이들은 평생 동안 벗어나지 못했을 것이고, 지금 인류의 멘토가 된 성인들은 애초에 좌절하여 그 빛나는 업적을 세상에 내놓지 못했을 것이다.

오프라 윈프리는 자신의 콤플렉스도 유머로 풀어낼 줄 알았다. 그는 뚱뚱했던 자신의 몸에 대해,

"저는 모든 여성의 삶을 겪어보지는 못했지만, 모든 사이즈는 경험해보았답니다." 하며 전 세계 여성들의 공감과 웃음을 자아내 그들을 자기 편으로 만들었고, 이상형을 묻는 질문에는,

"제 이상형의 남자가 나타날 거예요. 하지만 그는 지금 아프리카에 있어요. 거기서부터 걸어오고 있는 중이에요." 라고 호탕하게 대

답했다.

이런 사람에게 어떤 여성들이 마음을 열지 않겠는가. 그녀가 최고의 쇼를 진행할 수 있었던 데에는 이런 유머감각이 성공의 열쇠가 되어 주었던 것이다.

유머감각은 힘든 시절을 겪어내고 성공을 이룬 사람들에게 공통적으로 발견되는 자질이다. 고난을 이겨내지 않고 성공한 사람은 없다. 성공의 뒤에는 눈물이 있고, 그것을 이겨내고 인생을 긍정적으로 이끌어낸 웃음의 에너지가 있다.

웃음은 행복이다

사람들이 일을 하고, 돈을 벌고, 힘든 사회생활을 견뎌내는 것은 행복을 꿈꾸기 때문이다. 그런데 주객이 전도되어 행복을 멀리하고 돈만 쫓아가는 사람들이 있다. 웃지 않고 사는 사람들, 남을 웃기지 못하고 사는 사람들이다.

과연 무엇 때문에 일을 하고 돈을 버는 걸까? 가족들을 먹여 살리기 위해? 성공하기 위해? 당신은 무엇 때문에 오늘을 사는가?

웃음을 잊고 일에 쫓겨 살아가는 사람들을 보면 안타까운 생각이 든다. 애초에 무엇 때문에 그 일을 시작했는지 묻고 싶어진다.

웃음은 마음속 행복의 자연스러운 표현으로 인간에게 주어진 능력이고, 우리를 더 행복하게 하기 위해 신이 준 선물이다. 인간은 그 천부적인 웃음 능력에 유머감각까지 계발하여 남을 더 웃게 만들고 내가 행복해지는 방법을 발견해냈다.

그렇다면 우리는 그 능력을 적극적으로 이용해 더 행복해지는 방법을 찾아야 하지 않겠는가.

유머가 마음을 치료한다

개그맨들은 간혹 이런 말을 한다. 병상에 누워 있는 사람들이나 마음이 아픈 사람들이 자기 개그를 보고 웃으며 힘을 낸다는 말을 들을 때 가장 큰 보람을 느낀다고.

유머와 웃음이 몸과 마음을 치유하는 효과가 있음은 과학적으로도 증명되었다. 실제로 현대의학은 웃음치료를 보조적 치료수단으로 활용하고 있다.

크게 웃는 것은 혈압을 낮추거나 낮은 혈압을 높여주고, 소화를 촉진시키며, 노폐물을 제거한다. 또 웃음은 체내 NK세포를 활성화시킨다고 하는데, 이 NK세포라는 것은 백혈구의 일종으로 면역기능을 높여주는 것은 물론 암세포를 직접 공격해 파괴하는 기능을 가지고 있다고 한다.

웃음은 분노, 우울 조절 등 정서적인 치료에도 효과가 뛰어나다. 웃음이 마음을 치유해준다는 것이다.

'치유'를 뜻하는 힐링(healing)은 지금 우리 사회의 화두이다. 뉴스에서는 연일 '학교폭력', '우울증', '자살'이라는 단어가 끊이지 않는다. 많은 유명인들이 방송에 나와 자신의 마음의 병을 고백하기도 한다. 겉으로 표현하지 않고 혼자 속으로 마음의 병을 앓고 있는 사람들도 많다.

미국의 유명한 배우이자 코미디언인 빌 코스비는,

"웃음이 있으면 고통스러운 상황도 극복할 수 있다. 어떤 대상에서든 유머를 찾아낼 수 있는 능력이 있다면 생존을 염려할 필요가 없다."라고 말했다.

유머감각이 없는 사람은 스프링이 없는 마차와도 같다고 한다. 길위의 모든 조약돌에 부딪칠 때마다 삐걱거린다는 것이다. 이는 유명한 설교자 헨리 워드 비처가 한 말이다.

이는 인생에서 마주치게 되는 일들에 대처하기 위해서는 유머감각이 필요하다는 뜻일 것이다. 인생은 언제나 우리에게 크고 작은 문젯

거리를 안겨주고 매번 좌절하게 만든다. 그러나 이를 유머로 극복할 수 있는 사람은 다시 일어설 수 있다.

다음의 명언은 유머감각으로 삶을 헤쳐나간다는 것이 무엇인지를 느끼게 한다.

"훌륭한 유머감각은 인생이라는 밧줄 위에서 외줄타기를 하는 당신의 균형을 잡아주는 장대이다." (윌리엄 A. 워드)

5. 남을 웃긴다는 것이 창피하다고요?

이쯤 되면 유머감각이 없다고 생각하는 독자들은 울상을 지을 것이다. 현대사회에서 유머가 그렇게 중요한 것이라 해도, 내가 유머에 대한 재능이 없는데 어쩌란 말이냐고.

요즘 같은 세상에선 웃는 것도 쉽지 않다고들 한다. 그러나 정말 어려운 것은 남을 웃기는 일일 것이다.

"아무리 생각해도 재미있는 이야기가 떠오르지 않는단 말야."

"사람들이 얘기하는 유머를 내가 따라 해보면 분위기가 썰렁해지기만 하는걸."이라고 말하는 이들이 많다.

'웃겨야 사는' 이 시대를 살고 있는 많은 이들의 고충, 필자가 충분히 알고 있다. 필자도 웃겨야 살 수 있는 사람이기 때문이다.

유머의 표현은 개인마다 달라야 한다

사실 유머라는 것은 똑같이 한다고 해서 똑같은 웃음을 유발하지는 않는다. 언젠가 개그맨들이 하는 이야기를 들으니, 어떤 이들은 기발한 아이디어를 내지만 그것을 살리지 못해 다른 동료에게 아이디어를 넘겨주고 결국 그 동료가 대중들에게 인기를 끄는 모습을 지켜보게 된다고 한다.

물론 반대로 어떤 유머도 재미있게 소화하여 표현할 수 있지만 아이디어가 부족한 사람도 있다.

입담으로 웃기는 사람이 있는가 하면 몸으로 웃기는 사람이 있고, 혼자서 유머를 이끌어가는 사람이 있는가 하면 남의 이야기에 맞장구치며 더 재미있게 만드는 사람도 있다. 사람마다 다 특색이 다른 것이다.

그러니 웃기는 재능이 없다고 체념하지 말고 나만의 유머 센스를 발견해보자. 세상에는 절대로 유머러스하지 않을 것 같은 사람이 어눌해서 웃기기도 하고, 때로는 근엄해 보이는 사람의 한마디가 더 재미있는 경우도 있기 마련이니 말이다.

또 상대가 누구냐에 따라 매우 유머러스한 사람이 되기도, 무뚝뚝한 사람이 되기도 한다. 물론 어느 자리에서나 알맞은 유머를 구사하여 분위기를 부드럽게 만드는 사람도 있겠지만 그런 천부적인 재능을 가진 사람은 그리 많지 않다.

그리고 남을 웃게 하는 요령을 잘 모르는 사람이 처음부터 무리한 유머를 구사하는 것은 듣는 이들을 황당하게 만들 수도 있다. 누구나 자신에게 맞는 유머의 방법이 있음을 알고 그것을 찾아가는 것이 더 낫다.

웃음을 주는 것은 행복을 주는 사명감이다

여기서 잠깐, 여러분은 왜 남을 웃기고 싶은지 곰곰이 생각해보았으면 한다.

필자는 지금까지 유머의 효과에 대해서, 유머는 건강에도 좋고, 좌중을 내 편으로 끌어들이기에도 효과적이며, 광고나 마케팅에도 이용되는 등 경제적인 효과까지 있다고 이야기했다. 그러면서 독자 여러분에게 유머의 필요성을 역설했다.

그러나 가장 중요한 것은 그게 아니다. 이들은 더 큰 목적 속에 포함되는 세부적인 사항들일 뿐이다.

유머러스한 언변으로 사람들의 인기를 끌겠다, 그리하여 나를 위한 어떤 이득을 취하겠다는 생각으로 접근한다면 그것은 진정한 유머라고 할 수 없다. 유머는 무엇보다 상대를 행복하게 해주겠다는 마음에서 시작되어야 한다.

웃음을 주는 것은 행복을 주는 것이다. 나의 유머를 통해 상대를 웃게 하고, 그래서 앞서 말한 유머의 효능대로 상대가 더 건강해지고 더 행복해지도록 하기 위한 것이다.

나를 위한 유머와 상대를 위한 유머는 그 진정성에서 차이가 있다. 단순히 인기를 끌기 위해 하는 유머는 진심으로 웃길 수 없다. 자기 언변을 자랑하기 위한 유머는 진정한 유머가 아니다.

남을 웃긴다는 것은 그 사람을 행복하게 해주기 위한 것이다. 그 점을 꼭 명심하기 바란다.

이런 마음을 갖고 있는 사람은 웃음거리를 찾기 위해 부지런히 소재를 찾는다. 사랑에 빠진 남자는 여자를 웃게 하기 위해 유머 사이트를 뒤지고 TV 개그 프로그램을 섭렵한다.

관심과 사랑은 사람을 부지런하게 만든다. 그리고 결국은 원하던 대로, 진심으로 웃는 상대의 얼굴을 보게 되는 것이다.

2장

유머리스트로
만들어주는
습관 배우기

1. 창의적인 유머는 관찰력에서 나온다

유머의 소재는 우리 주위에 널려 있다. 내 생활은 늘 그렇고 그래서 웃길 만한 소재가 없다고 여길지 모르지만, 그러나 그것은 자기 생활을 애정 있는 눈길로 주의 깊게 관찰하지 않았기 때문이다.

일상 속에서 재미를 찾겠다는 시선의 전환, 그것이 유머러스한 사람이 되기 위한 첫 번째 관문이다.

누구에게나 일상은 비슷비슷한지도 모른다. 그러나 그 속에서 유머러스한 요소를 발견해내는 사람이 있고, 언제나 똑같은 일상이라고 따분해하며 지나치는 사람이 있다. 따분하다는 생각에 싸여 있는 사람은 언제까지고 지겨운 일상이 반복될 뿐이다.

시선을 바꿔보라. 우리가 살아가는 이곳, 매일 반복되는 하루하루, 바로 여기에 빛나는 보물이 있다는 것을 알게 될 것이다.

특징적인 부분을 캐치하는 눈을 갖자

주위에서 남을 잘 웃기는 사람을 보면, 보통 사람들보다 뛰어난 관찰력이 있음을 알게 된다.

TV에 나오는 코미디언이나 배우의 흉내를 기가 막히게 잘하는 사람들을 보자. 그들은 대상을 관찰하여 가장 특징적인 부분을 잡아낸다. 보는 이들은 그제서야 "맞아, 맞아!" 하면서 박장대소하게 되는 것이다.

잘 관찰해보면 길을 지나가면서 본 사람들, 지하철에 앉아 있던 타인들 속에서도 유머의 소재를 발굴해낼 수 있다. 그것을 어떤 눈으로 보느냐에 따라서 말이다.

지하철 앞자리에 앉아 있는 사람들을 보면 천차만별이다.

마치 목 돌아간 귀신처럼 머리를 풀어헤치고 잠들어 있는 아가씨, 다리를 쩍 벌리고 두 자리를 차지하고 앉아 자고 있는 쩍벌남…….

그런 장면들이 모두 유머의 소재가 되는 것이다. 우리 삶이 바로 코미디다.

일상을 관찰하라. 그 속에 웃음이 있으니.

유머러스한 사람이 되고 싶다면 대상의 특징을 발견하는 눈을 길러야 한다. 남들이 숲을 볼 때 나무와 숲, 그 안을 날아다니는 벌레와 새

들까지 보아야 한다. 남과는 다른 관찰력, 엉뚱한 상상력이 유머를 발견해내는 첫걸음이다.

많이 보고 많이 듣고 적용하자

유머는 정보가 많을수록 소재가 풍부해진다.

자기가 직접 경험하는 것을 다른 시선에서 바라볼 수 있는 능력, 풍부한 상상력으로 각색하는 응용력, 그리고 많이 보고 듣고 읽은 정보력이다.

상식이 풍부한 사람은 이야깃거리가 많고, 그 안에서 재미있는 요소를 발견할 수 있다. 책을 많이 읽고 영화를 보는 것도 좋다. 우선은 들어오는 정보가 많아야 한다.

또 뉴스에도 귀를 기울여야 한다. 성인들이 좋아하는 유머는 단연 시사와 관련된 블랙 코미디다. 이런 유머를 구사하기 위해서는 세상 돌아가는 일을 어느 정도 알아야 한다. 이는 다른 사람의 유머를 알아듣는 센스와도 관련 있는 것이다.

사람들을 만나 다른 사람들 사는 이야기도 많이 들어야 한다. 사람은 둘이 모이고 셋이 모여야 재미있는 이야깃거리가 생겨나는 법이다. 사람들 사이의 지지고 볶는 관계 속에서 유머러스한 상황이 연출되는 것이다.

좀 더 빨리 유머에 관한 정보를 얻고 싶다면 우선 TV 개그 프로는 보아둘 필요가 있다. TV 개그 프로는 대한민국 국민 모두가 공유하는 것이기 때문에, 대화에 자연스럽게 끼기 위해서라도 유치하다고 귀를 막지 말고 한번 보아두기 바란다. 보다 보면 그 안의 재미 요소를 알게 된다.

인터넷 유머 사이트를 꾸준히 보는 것도 좋다. 워낙 많은 사람들이 올리고 보는 공간이다 보니, 정말 기발한 유머들이 많다.

수집하고 메모하라

유머의 소재를 구하기 위해 많은 정보를 접하는 것은 좋지만, 그후에 모두 잊어버린다면 아무 소용 없다. 기억에만 의존하고 있으면 막상 재미있는 이야기를 하려 할 때 잘 생각나지 않는다.

유머의 소재를 발견했다면 그 즉시 메모하는 습관을 들이자. 간단하게 한두 마디만 적어놓아도 여러분은 평소 이야깃거리가 풍부한 사람이 될 수 있다.

사람들과의 사교 자리에서는 간혹 이것이 매우 요긴하게 쓰일 것이다.

꼭 유머의 소재가 아니라도 평소 뉴스 기사나 잡지 등을 스크랩해놓는 것은 유용한 자료가 된다. 우선 상식이 풍부하고 세상을 보는 눈이 깨어 있으면 그 안에서 다양한 소재를 찾을 수 있기 때문이다.

2. 보고 들은 유머를 활용하는 테크닉

정보를 많이 수집했다면 다음은 이것을 이용하는 단계이다.

단순히 우스운 동작이나 음성을 모방하는 것도 큰 웃음을 줄 수 있다. 그러나 그런 표현력은 아무나 가질 수 있는 것이 아니다.

따라서 아직 유머 초보자라면 내가 들은 이야기를 각색하고 상황에 맞게 적절히 이용하여 남을 웃겨보자. 이는 평소 유머에 큰 재능이 없던 사람이라도 얼마든지 시도해볼 수 있다.

어디서 들은 이야기를 그대로 하는 것이 유머의 첫 단계였다면, 다음 단계는 자신의 유머로 각색하는 것이다.

스토리를 만들어라

한참 개그콘서트의 꽃거지가 유행하던 때였다. 친구들과 함께 술자리를 갖는데 한 친구가 갑자기 이상한 이야기를 시작하는 것이었다.

"내가 어젯밤에 집에 가는데 어떤 여자가 내 뒤를 졸졸 쫓아오는 거야. 내가 이상해서 뒤를 흘끔 보면 딴청을 피우고 다시 걸어가면 또 따라오고."

모두들 친구의 이야기에 귀를 쫑긋 세웠다.

친구는 이야기를 계속했다.

"그래서 아파트로 막 들어가려는데 그 여자가 거기까지 쫓아온 거지. 내가 뒤를 확 돌아봤지."

모두들 그 뒷 이야기가 궁금해 "그래서? 누구였는데?" 하면서 물었다. 그러자 친구가 빙그레 웃더니,

"궁금해?"

나는 이때 이 친구가 무슨 이야기를 하려는지 눈치를 챘다. 하지만 한 친구는 궁금해 죽겠다는 듯이 몸을 앞으로 내밀며 대꾸했다.

"궁금해. 말해봐, 빨리."

그러자 친구는 손바닥을 내밀며,

"궁금하면 오백 원!"

개그콘서트를 보지 않았던 친구는 어리둥절해하고, 자리에 있던 다른 친구들은 한꺼번에 와 하고 웃음을 터뜨렸다.

그 친구는 분위기가 가라앉자 자기가 평소에 보았던 개그 프로를 이용해 한방에 친구들을 웃게 만든 것이다.

치밀하게 계산하라

이런 유머를 구사할 때는 당시의 상황과 듣는 사람의 반응 등을 치밀하게 계산해야 한다. 그러지 않으면 도리어 분위기를 썰렁하게 만들 수도 있다.

만약 친구들이 모두 평소에 개그 프로그램을 좋아하여 모두 다 알고 있는 것이었다면 위의 유머는 재미없었을 것이다. 그러나 친구는 한두 명의 친구가 그런 개그 프로와는 담 쌓고 살고 있다는 것을 잘 알고 있었다.

그리고 만약 그 자리에 있는 모든 사람이 모르는 유머라면 그것도 재미없었을 것이다. 아무도 그것이 왜 우스운지를 몰랐을 것이기 때문이다.

또 이 친구가 만약,

"요즘 개그 콘서트 꽃거지 봤어? 이러저러한 내용인데 아주 웃기더라."라고 이야기를 꺼냈다면 어땠을까?

그저 아는 친구들 몇 명이 "그래, 재밌더라." 하고 끝났을 것이다.

그런데 이 친구는 개그 프로를 자기의 이야기로 각색했다. 그것도 꽤 흥미진진한 상황으로 만들어 모두를 깜박 속게 만들었던 것이다.

이런 유머는 즉흥적으로 나오는 것이 아니다. 사람들이 꽃거지의 "궁금해요? 궁금하면 오백 원!"에 박장대소하는 포인트가 무엇인지를 잡아내고, 그것을 자기의 상황에 적절히 이용한 것이다.

그리고 듣는 사람들도 고려하였다. 만약 가족 모임에서 이런 유머를 꺼냈다면 분위기는 도리어 어색해졌을 수도 있다.

동년배 친구들 모두 가장으로 살아가며 낯선 여자와의 로맨스는 잊은 지 오래다. 그런데 한 친구를 따라온 여자가 있었다고 하니 헤어진 옛 연인인가, 어떤 사연이 있는 걸까 하며 궁금증과 관심이 일었던 것이다.

그리고 마지막에는 모든 것이 개그 프로를 이용한 꾸며낸 이야기였음이 밝혀지며 반전을 안겨주었다. 일상 속에 갇혀 똑같은 하루하루를 살아가는 중년 남성들이 충분히 공감할 만한 반전이었던 것이다.

포인트를 잡아라

유머를 더욱 재미있게 만들려면 듣는 이들이 웃을 수 있는 포인트를 잡아야 한다. 재미없는 부분에 너무 오랜 시간을 끈다거나, 웃음의 포인트를 확실히 살려주지 못하면 제대로 혀를 찌를 수 없다.

옛날 옛적에 찢어지게 가난한 부부가 살았는데, 아무리 열심히 일을 해도 돈이 벌리지 않는 거야. 전세 살다가 그것도 안 되서 이제는 월세 살고, 애는 줄줄이 셋이나 낳았는데... 그래서... 찢어졌대.

위의 이야기를 듣다 보면 웃음의 포인트가 무엇인지 알기 어렵다. 어느 부부가 어렵게 살다 헤어졌구나, 그런데 이게 왜 웃기지? 하는 반응이 나올 뿐이다.

위의 유머는 포인트를 제대로 살리지 못한 것이다. 사실 이 유머는 말장난 유머이다. 이런 유머라면 그 말장난에 포인트가 실린다는 것을 듣는 이가 알 수 있어야 한다.

똑같은 유머를 이렇게 바꿔보자.

옛날 옛적에 찢어지게 가난한 부부가 살았는데... 찢어졌대.

간단하게 말장난으로 끝을 맺는 것이다.

이런 유머는 간단명료하고 짧게 끝나야 한다. 웃음의 강도와 반전이 약한 것을 오래 끌고 가면 재미 없어진다.

그렇다면 다음 유머를 보자.

의대생들이 카페에 모여 알갱이가 커다란 버블티를 먹고 있었다. 빨대에 알갱이가 걸리자 의대생들이 투덜거리며 말했다.

의대생 A : 어, 빨대에 알갱이가 걸렸네.

의대생 B : 나도 걸렸어. 짜증나.

의대생 A : 요 알갱이 생긴 게 무슨 thrombus(혈전) 같네. 혈관을 막고 있잖아.

의대생 C : 내가 봤을 땐 embolism(색전증)인데. 빨리 뭔가 조치를 취해야겠어.

의대생 A : 그러고 보니 embolism이 더 그럴듯하겠네요.

의대생 D : embolism이면 위험하잖아. 빨리 조치를 좀 취해봐.

의대생 A : 나는 그거 저번주에 배운 거라 아직 잘 몰라. 누나는 우리보다 학년이 높으니까 뭐 좀 알지 않아?

의대생 B : 이것들아, 이제 그만 좀 해. 내가 빨대 새로 갖고 올게.

(출처; 수만휘닷컴)

위의 유머에서는 의대생들이 어려운 의학용어를 장황히 이야기하고 마지막에 그것을 뒤집는 반전이 웃음의 포인트다. 따라서 중간 부분을 생략하면 재미가 없어진다.

3. 망가지는 것을 즐겨라

유머에는 십계명이 아닌 유일무이한 계명이 있으니, 그것은 바로 '망가지는 것을 두려워 말라' 라는 것이다.

체면을 차리는 것은 유머와 상극이다. 권위만 내세우는 사람은 결코 유머러스한 사람이 될 수 없다.

그러나 한 가지 다행인 것은 권위가 높은 사람일수록 조금만 망가져도 재미있다는 것이다. 남들을 웃기기 위해 내 한 몸 바쳐 희생하겠다는 각오만 있다면 얼마든지 재미있는 사람이 될 수 있다.

망가짐에서 배워라

도도한 여성이 하이힐을 신고 가다 넘어지면 사람들은 웃음을 터뜨린다. 실수는 웃음을 유발한다. 적당히 망가지는 것은 남들에게 유쾌한 웃음을 선사한다.

개그 프로를 보면 전통적으로 등장하는 인물이 있다. 바로 바보 캐릭터다. 망가지는 인물은 그것만으로도 큰 웃음을 주기 때문이다.

영구, 맹구는 영원한 바보 캐릭터로 당시 사람들에게 큰 웃음을 주었고 지금도 모든 이들이 기억하고 있다. 바보 분장을 하고 나와서 엉뚱한 행동을 하는 것은 언제나 사람들을 웃길 수 있는 유머 소재이다.

1990년대 씨름 선수로 이름을 날렸던 강호동은 그 당시만 해도 천하장사 씨름대회에서 천하장사를 5회, 백두장사를 7회나 따냈던 대단한 선수였다. 그런 그가 코미디언으로 전향한다고 했을 때 사람들은 어리둥절했다. 운동 선수가 웃기면 얼마나 웃기겠느냐는 염려도 많았다.

그러나 강호동은 '소나기'라는 개그 코너에서 머리에 땜방을 만들고 "행님아~"하며 우습게 뛰어가는 동작으로 한방에 그간의 운동선수 이미지를 날려버리고 개그맨으로서 자리를 굳혔다.

본래 유머란 그 웃음의 대상에 동정을 수반하는 것이다. 위트가 지적인 웃음이라면 유머는 인간이 지닌 숙명적인 슬픔을 느끼는 웃음이다. 인간의 어리석음을 보며 그것이 자신을 포함한 인간들의 슬픈 천성이라는 데 연민과 사랑을 던지는 약간 복잡한 웃음인 것이다.

그래서 우리는 망가지는 모든 존재들에 연민을 느끼며 함께 웃게 된다. 그것이 바로 나 자신의 모습이기 때문이다.

애교 있는 실수가 상대방을 즐겁게 한다

그러나 할머니가 길을 가다 넘어진다고 사람들이 웃지는 않는다. 또 누군가가 실패의 구렁텅이에 빠진 것을 보고 사람들은 기분 좋게 웃지 않는다. 사람들이 웃는 것은 적당한 실수일 때이다.

실수담은 언제나 사람들을 웃게 만든다. 그러니 자신의 경험에서 웃음의 소재를 찾을 때는 애교로 웃어넘길 수 있는 적당한 실수담을 찾는 것이 좋다.

자기 자랑에 성공담만 늘어놓는 사람은 지루하다. 유머는 상대에게 우월감을 주는 것이라고도 말한다. 그러니 망가지는 것을 두려워하지 말자. 나의 적절한 실수담은 상대를 웃게 해줄 수 있다.

어느 날 친구와 차를 타고 가다가 친구가 잠시 편의점에 들르게 되었다. 내가 차 안에서 기다리고 있는데 친구가 편의점에서 음료를 사 들고는 앞 차로 들어가는 것이었다.

나는 그 장면을 보고 빵 터지고 말았다. 조금 후 친구는 얼굴이 벌개 져서 내 차로 달려왔다.

다음 실수담들도 지인들에게 들려주면 재미있어할 만한 것들이다.

편의점 알바생의 실수 : 담배를 계산하려는 손님에게, "신분증 검사 가 있겠습니다."

빵집 알바생의 실수 : 바닥 청소 중에, "손님, 죄송하지만 발 한 번만 닦겠습니다."

커피숍 알바생의 실수 : 크림을 올릴지 말지를 물으려다, "휘핑크림 뺍시다!" 이에 손님은 "그럽시다!"

고깃집 알바생의 실수 : 손님이 들어오자, "손님, 삼인분이세요?"

경양식집 알바생의 실수 : 주문한 오므라이스를 내주며, "손님, 오 므리세요."

가끔은 사투리나 비속어로 말하라

언제 어디서나 예의 바른 사람이라는 이미지가 굳어 있는 사람들이 있다. 이런 이들은 좀처럼 남들을 웃기지 못한다.

비속어 혹은 은어를 사용하는 것은 바람직하지 않은 것이라 해도, 상대가 불쾌감을 느끼지 않고 서로 공감할 수 있는 상황이라면 웃음의 요소로 이용할 수 있다.

한때 "너나 잘하세요~"라는 말이 유행한 적이 있다. 영화 〈친절한 금자씨〉에서 나온 이영애의 대사였다.

존댓말을 하면서 '너'라는 반말을 섞어 웃음을 유발한 것이다. 이 말은 코미디 프로에도 여러번 패러디되었고, 일상에서 지인들 간에 유머로도 많이 이용되었다.

성인들이 아이들 간에 쓰이는 은어를 이용하여 웃음을 유발하기도 한다. 아이들이 쓰는 말이었던 '고딩', '초딩' 등의 용어를 성인들이 섞어 쓰면 그 자체로 가벼워지고 대화가 재미있게 풀리는 듯한 느낌이 들었다.

어처구니없는 상황에서 "뭥미"라고 하면 "뭐야?"라고 하는 것보다 훨씬 실감나게 어이없음이 느껴진다. 본래 '뭥미'는 '뭐임?'의 오타에서 나온 말이다.

물론 이런 말은 청자를 잘 가리지 않으면 교양 없는 사람으로 비춰질 수 있으니 주의해야 한다.

사투리의 경우, 그 지역에서는 웃음을 유발하지 않으나 그 사투리를 쓰지 않는 곳에서는 유머 요소가 되기도 한다. 특히 강연장에서 사투리를 쓰는 강사는 인기가 많은데, 청중들은 강연자가 당연히 표준어를 쓰리라 예상했다가 그 예상이 뒤집어지며 첫 소개 때부터 웃음을 터뜨리게 된다.

안녕들 허세유? 오늘 강연을 맡은 김 아무개예유. 만나서 반가워유~

또 조폭 영화를 보면 대개 웃음을 담당한 조무래기 조폭들은 전라도 사투리를 쓰는데, 이것도 웃음을 유발하기 위한 장치라고 할 수 있다.

행님, 안녕하쇼잉~ 우리가 처음 만난 기념으루다가 지가 오늘 쪼께 한잔 쏠 테잉께 잘 좀 봐주쇼잉~

망가진다는 것은 큰 용기가 필요한 일이다. 사람들은 모두 자신이 어떤 이미지로 비춰질까를 걱정하며 살아간다.

그러나 그 두려움을 벗어던지고 조금쯤 망가질 때 지루한 일상을 살아가는 사람들은 큰 웃음을 선물받을 수 있다.

　5호선 출근길 지하철 안, 열차가 지연되자 기관사가 안내방송을 하였다.
　"손님 여러분께 안내 말씀 드리겠습니다. 현재 열차가 지연되고 있습니다. 열차가 지연되는 이유는……. 다 제가 못난 탓입니다."

4. 언어유희는 유머를 춤추게 한다

아이들은 말을 배우면서부터 자연스럽게 언어유희를 시작한다.

"아빠가 빵을 먹으니까 방구가 빵 나왔어."

아이들이 반복되는 의성어나 의태어가 나오는 동화를 좋아하는 것도 언어유희를 즐기기 때문이다.

말을 가지고 노는 것은 인류의 오랜 역사에서 끊이지 않고 이어 내려온 것이다. 말을 만들어내고 그것을 이러저러한 형태로 가지고 놀 수 있는 것은 인간만이 가진 특권이다.

언어유희는 유머의 세련된 소재이며, 언어유희를 이용한 유머는 대개 성공률이 높다.

언어유희란

언어유희란 동음이의어나 각운 등을 이용하여 재미있게 꾸미는 말이다. 언어유희는 단순한 말장난을 넘어 그 안에 풍자와 해학을 담아내기도 한다.

우리 선조들은 기지 넘치는 언어유희를 꽤나 즐겼던 듯하다. 문학 작품 속에도 언어유희는 종종 등장한다.

올라간 이 도령인지 삼 도령인지, 그 놈의 자식은 일거후 무소식하니, 인사가 그렇고는 벼슬은커니와 사람 구실도 못 하지. (춘향전)

서방인지, 남방인지 걸인 하나 내려왔다. (춘향전)

개잘량이라는 '양' 자에 개다리소반이라는 '반' 자 쓰는 양반이 나오신단 말이오. (봉산탈춤)

아래는 요즘 유행하는 언어유희들이다.

닭의 아내는? 닥쳐

모래가 울면? 흙...

우유를 때리면 뭐라고 할까? 앙팡!

개그 프로에서도 언어유희는 언제나 인기 있는 소재다.

여러분, 재미있으셨습니까... 부리, 까부리~

정말 대단하십니다... 람쥐, 다람쥐~

이런 말장난을 구사했던 '꺾기도' 는 꽤 인기 있는 코너였다. 사람들은 반복되는 말장난에도 매번 웃음을 터뜨렸고, 일상 속에서 이 말장난을 이용하는 사람들도 아주 많았다.

언어유희에는 동음이의어를 활용하는 경우("공부? 말도 마. 엄마가 책 잡힐 일은 하지 말라고 하셔서 책을 아예 안 잡았잖아."), 유사한 소리가 나는 말을 활용하는 경우("미국 여행 어디 다녀오셨어요?" "뒤질 년들(디즈니랜드)"), 말의 순서를 바꾸어 웃음을 유발하는 경우(인터넷 신조어 '뭥미) 등이 있다.

자기 식으로 해석하라

요즘 유행하는 말들 중 '삼팔선', '사오정' 등이 있다. '삼십팔 세 퇴직', '사십오 세 정년'이라는 뜻이다.

이런 언어유희는 얼마든지 만들어내어 공감을 얻을 수 있다.

'남존여비'라는 말 안에도 여러 가지 의미를 찾아내면 그것이 바로 웃음 폭탄이 된다.

남존여비 : **남**자의 **존**재 이유는 **여**자에게 **비**용을 대는 것
담배인삼공사 : **담배**로 잃은 건강 **인삼**으로 회복하자.
아가씨 : **아**가씨가 온다, **가**까이 온다, **씨**발 마누라잖아.
신사 : **신**이 포기한 **사**기꾼

요즘 아이들은 이런 말을 만들어 쓰기도 한다. '수폭', '언폭'. 수폭은 수학을 포기한 애, 언폭은 언어영역을 포기한 애라는 뜻이란다.

이런 식의 말장난은 상대와 공감대가 이루어졌을 때 빛을 발한다. '삼팔선'과 '사오정'이란 말이 그렇게도 유행한 것은 사회에 공감대가 형성되었기 때문이다. 학생들 사이에 '수폭', '언폭'이 유행하는 것은 입시를 앞둔 아이들 사이의 공감이 이루어졌기 때문이다.

남자들 사이에서의 유머라면 이런 것도 효과가 있다.

남존여비의 여러 뜻 :
남자란 존재는 여자 때문에 비참해진다.
남자의 존재 이유는 여자의 비밀을 지켜주기 위해서다.
남자의 존재감은 여자를 밤마다 비명 지르게 하는 것.

언어유희나 말장난을 이용할 때는 반드시 상황을 가려서 해야 한다.
상대를 가리지 않고 위와 같은 말장난을 하거나, 아무 데서나 "안녕하
십니까부리~"를 외쳐댄다면 오히려 역효과가 날 뿐이다.

한 단어를 이리저리 바꿔보면 웃음 요소가 나온다

어떤 단어나 짧은 문구를 비슷한 발음의 다른 말로 바꾸며 언어유희
를 즐길 수 있다. 예를 들어 알바천국의 TV 광고를 보자.
맞춤 알바를 찾아준다는 스마트폰 애플리케이션(앱)을 출시하며 내
놓은 광고였다.

조권 : (어두운 표정으로) 어디서 일하지……?

아저씨 : 어디서든 일하게 해주마!

조권 : 누구세요?

아저씨 : 내가… 내가… 니 애비다! (와락 껴안는다)

'앱이다'를 '애비다'로 소리나는 대로 읽으면서 〈스타워즈〉의 "Im your father."라는 유명한 대사까지 패러디한 것이다. 이 정도 유머라면 누구든 웃길 수 있다.

5. 유머의 묘미는 반전이다

유머에는 빠지지 않는 요소가 있는데 그것은 바로 반전이다. 예상했던 결말은 웃음을 주지 못한다. 뭔가 허를 찌르는 반전이 있어야 한다.

이는 다른 말로 하면 '황당하게 만들기'라 할 수 있다. 흥미를 유발하는 이야기를 꺼내 점점 고조시키고 끝에 가서는 뒤집고 허를 찌르며 황당한 결론을 맺는 것이다.

당황과 황당의 차이를 유머러스하게 풀어보자. '똥을 싸려고 했는데 방귀만 나오면 당황', '방귀를 뀌려고 했는데 똥이 나오면 황당'. '차 뒤에서 볼일을 보는데 차가 내쪽으로 다가오면 당황', '차 뒤에서 볼일을 보는데 차가 떠나버리면 황당'이라는 우스갯소리가 있다.

황당이란 이렇게 당황스러움을 넘어 완전히 예상을 빗나가버리는 반전을 말한다.

이야기의 전개와 반전

이야기의 전개와 반전은 유머의 기본적인 구조이다. 다음의 유머를 보자.

어느 날 고등학생 아이가 혼자 집에 있는데 전화가 왔다. 낯선 아저씨였다.

아저씨 : 아빠 집에 계시니?

학생 : 안 계신데요.

아저씨 : 그럼 엄마 집에 계시니?

학생 : 안 계신데요.

아저씨 : 아들내미로구나. 그래, 올해 몇 학년 됐니?

학생 : 네, 고 1이에요.

아저씨 : 아이구, 많이 컸구나. 엄마 아빠 오시면 메모 좀 전해줄래?

학생 : 네, 잠깐만요. (메모지를 가지고 온다)

아저씨 : 그래, 메모지 준비했니?

학생 : 네.

아저씨 : 그럼 부를게. 잘 메모하렴.

학생 : 네.

아저씨 : 엄마, 아빠 오시거든 "엄마, 아빠, 아까 낮에 어떤 아저씨한 테서 장난전화 왔어요."라고 전해드려라.

이 유머 또한 이야기의 전개와 흥미 유발, 그리고 마지막의 반전으로 구성되었다. 유머에 반전이 빠지면 그 유머는 속 없는 만두요, 앙꼬 없는 찐빵이다.

마지막 반전을 위해 철저히 숨겨라

뒤집기의 강도가 강할수록 유머는 재미있다. 한 경기당 한두 골밖에 넣지 않는 축구에 그토록 열광하는 것은 마지막 한 골의 반전을 기다리기 때문이다. 그 반전이 크면 클수록 감동도 커지는 것이다.

유머의 반전이 강하면 강할수록 웃음의 강도도 커진다. 그러기 위해서는 그 마지막 한방을 끝까지 숨길 수 있어야 한다. 내용을 이야기하는 중에 이미 끝이 뻔하다면 반전의 묘미를 살릴 수 없다.

포커페이스라는 말이 있다. 포커판에서의 실력은 얼마나 포커페이스를 유지할 수 있느냐가 좌우한다.

아무리 게임을 잘하는 사람이라도 들어오는 패는 어쩔 수 없다. 그러나 포커를 잘 치는 사람들은 형편없는 카드를 가지고도 상대방을 이긴다. 그의 포커페이스에 휘말려 상대는 좋은 패를 가지고도 게임을 포기하기 때문이다.

반대로 좋은 패를 들고 있다 해도 상대가 그것을 눈치 채고 미리 게임을 포기한다면 판은 커지지 않고 이겨봤자 많은 돈을 딸 수 없다. 따라서 능숙한 사람들은 포커페이스를 유지하며 상대가 판을 키우도록 유도한다. 그래서 포커는 심리 게임이라고 하는 것이다.

유머도 마찬가지다. 유머는 화자와 청자의 심리 게임이다. 자기 패를 뻔히 들켜서는 절대로 상대방을 웃길 수 없다.

어떤 이들은 별것 아닌 카드를 가지고도 상대방을 박장대소하게 할 수 있다. 그들은 사람의 심리를 잘 이용할 줄 아는 것이다.

어느 시점에 어떻게 호기심을 끌 것인가, 흥미를 고조시킬 것인가, 어느 시점에 뒤집으며 허를 찌를 것인가를 능숙하게 캐치해내는 것, 그것이 유머의 기술이다.

끝날 때까지는 끝난 것이 아니다

"끝날 때까지는 끝난 것이 아니다."

유명한 야구 선수 요기 베라가 한 말이다. "야구는 9회말 2아웃부터"라는 말도 있다. 바로 반전의 묘미, 그 한방을 기다린다는 것이다.

외계인을 만났을 때 각 나라별 반응;
미국 - 당신들에게는 군대가 있소?
중국 - 당신들에게는 역사가 있소?
영국 - 당신들에게는 정치가 있소?
프랑스 - 당신들에게는 예술이 있소?
일본 - 당신들에게는 예절이 있소?
한국 - 한국을 아세요?

어느 날 아들이 어머니에게 떼를 쓰기 시작했다.
"엄마, 나 학교 안 갈래요. 가기 싫어요."
어머니가 물었다.
"대체 이유가 뭐니?"
"애들이 나랑은 안 놀고 저희들끼리만 어울려서 속닥거린단 말이에요. 내 말은 들어주지도 않고요."
그러자 어머니가 한숨을 쉬며 말했다.
"그래도 학교는 가야지. 네가 선생인데……."

-돌보다 강한 물질은 머리카락, 돌을 뚫고 나오니까.

-이혼의 결정적인 이유는? 결혼한 것.

-이순신 장군은 전쟁터에 나갈 때 왜 빨간 허리띠를 맸을까? 바지가 흘러내릴까 봐.

-고양이 가면을 쓰고 놀 때는 야옹 하고 소리내고, 강아지 가면을 쓰고 놀 때는 멍멍 하고 소리를 냅니다. 그렇다면 오징어 가면을 쓸 때는 무슨 소리를 낼까요? 함 사세요!

이러한 짧은 유머 안에도 반전이 들어 있다.

삼행시도 반전에 그 매력이 있는 것이다.

어느 날 우리 아파트 경비 아저씨와 이런저런 이야기를 나누었다. 경비 아저씨가 '경비아저씨'로 오행시를 지을 테니 운을 떼보라고 했다.

내가 "경!" 하고 외쳤다.

"경비는 철저히 해야 한다."

"비!"

"비가 와도 해야 한다."

"아!"

"아침에도 해야 한다."

"저!"

"저녁에도 해야 한다."

"씨!"

"씨발, 언제 쉬어!"

유머의 원리와 구조를 아는 경비 아저씨였던 것이다.

6. 과장이 큰 웃음을 유발한다

유머에 과장이 빠질 수는 없다. 허풍과 과장은 유머의 기본 코드다.

찰리 채플린을 생각해보라. 찰리 채플린은 헐렁한 바지 위에 꽉 끼는 상의를 입고 작은 모자와는 극단적인 대조를 이루는 큼지막한 구두를 신어 과장된 스타일을 연출했다.

부랑자나 공장 노동자로 등장한 채플린은 이런 어울리지도 않는 신사의 스타일을 연출한 것이다. 이런 허풍은 웃음과 함께 애잔한 연민을 느끼게 한다.

유머는 모자라고 약한 존재를 보며 공감을 통해 웃음을 유발하는 것이라고 앞에서 말한 것을 기억하는가? 찰리 채플린의 유머가 바로 그런 유머이다.

지나칠 정도로 과장하라

사람들이 과장과 허풍을 좋아하는 이유는 일상에서 느끼지 못한 시원함을 느낄 수 있기 때문이다. 옛날 이야기 중에도 이런 허풍스러운 이야기들이 많다.

《허풍선이 남작의 모험》이라는 독일 소설은 허풍과 과장으로 웃음을 유발하는 좋은 예이다. 뮌히하우젠이라는 인물이 자신이 전쟁 중에 겪은 경험담을 과장하여 들려준다는 이야기다.

아니, 내가 뾰족한 말뚝에 말을 매어놓고 잠이 들었다 깨어보니 말이 사라졌지 뭔가. 어젯밤에는 눈이 그렇게 쌓인 줄 몰랐던 거지. 밤새 눈이 녹아 교회 탑 위에 말이 대롱대롱 매달려 있지 않겠나? 이게 허풍 같다고? 아니야, 이건 내가 진짜 겪은 일이라고! 하하하!

전쟁이 한창이었는데 잠시 숨을 돌리고 말에게 물을 먹였지. 그런데 말이 한없이 물을 마시고 있는 거야. 무슨 일인가 하고 보았더니 말의 몸통이 잘려 뒷부분에서 자꾸 물이 쏟아지고 있더군. 거짓말 같다고? 천만에 말씀. 이건 내가 직접 겪은 일이야!

뮌히하우젠은 실존 인물로, 술자리에서 친구들에게 자신의 전쟁담을 이야기하며 이렇게 허풍을 떨었다고 한다. 그것이 소설로 옮겨져 지금은 아이들을 위한 동화로 많이 읽히고 있다.

이런 과장의 유머는 현실의 답답함을 해소해주고, 아마도 아이들에게는 상상력을 자극하여 더욱 재미있게 느껴지는 모양이다.

그런데 여기서 주목할 점이 있다. 지나칠 정도로 과장하는 것이 웃음을 유발한다는 것이다. 소심한 허풍은 진짜 허풍으로 느껴지지만, 비현실적인 허풍은 유쾌한 웃음을 준다.

광고에도 허풍을 이용한다

허풍은 광고에도 많이 이용된다. 허풍 광고는 유머 광고의 한 부류이다.

시몬스 침대의 광고를 보자. 시몬스는 침대가 흔들리지 않아 옆에서 움직여도 편안히 잘 수 있다는 컨셉의 광고를 반복하여 보여주고 있는데, 여기에 굉장한 과장과 허풍이 들어간다.

남자친구와 함께 집에서 놀고 있던 딸. 갑자기 아버지가 집으로 들어온다. 당황한 연인들이 허둥지둥하는 중에 아버지는 계단을 쿵쿵 올라온다. 아버지가 문을 벌컥 열자 딸은 조신하게 뜨개질을 하고 있다. 아버지는 안심하고 딸의 침대에 나란히 앉는다. 이때 미처 빠져나가지 못하고 천장에 매달려 있던 남자친구가 침대로 뚝 떨어지는데, 흔들리지 않는 침대이다 보니 아버지는 뭐가 떨어졌는지도 모르고, 딸은 위기를 넘긴다.

동네 여자들이 침대 스프링을 이용해 통통 뛰며 어느 집 창문을 훔쳐본다. 근육질의 한 남자가 막 샤워를 마친 듯 하반신만 수건으로 가리고 열심히 운동 중. 그러다 수건이 툭 떨어진다. 여자는 깜짝 놀라면서도 침대에서 방방 뛰며 더욱 열심히 구경하는데, 카메라가 서서히 옆으로 옮겨진다. 그 옆에는 남편이 편안한 표정으로 곤히 잠들어 있다.

허풍 광고는 우선 웃음을 유발하여 사람들의 시선을 끌 수 있기 때문에 많이 이용된다.

이러한 허풍 광고는 과장이 너무 지나치기 때문에 웃음을 유발하는 것이다. 만약 이보다 덜한 과장이라면 그 광고는 유머가 아닌 허위과장 광고로 여겨질 것이다.

이런 원리가 허풍 유머에도 적용된다. 유머를 구사할 때 허풍을 떨려면 아주 기가 막힐 정도로 허풍을 떨어야 한다.

허풍 유머의 예

예전에 KBS에서 '상상플러스'라는 예능 프로가 큰 인기를 끈 적이 있다. 노현정 아나운서가 양반다리를 하고 중앙에 앉아 문제를 내고 그 좌우로 개그맨과 초대 손님들이 앉아 문제를 맞추는 프로였다. 맞추지 못하면 뿅망치를 맞고 문제를 맞추면 맛있는 간식을 먹을 수 있었다.

그날의 간식은 육포였다. 그런데 문제가 생각보다 어려웠다. 출연자들은 서로 경쟁을 할 것이 아니라 모두 머리를 맞대 문제를 풀어보자는 분위기가 되었다.

이때의 개그맨들의 대화를 보자.

이휘재 : (진지한 얼굴로) 우리 다 같이 맞추고 다 같이 육포를 먹읍시다. 오늘 뭐 누가 일등하는 게 무슨 상관입니까?

탁재훈 : (장난치는 말투로) 제가 굉장히 육포를 좋아합니다. 정

말로!

　　이휘재 : (이에 지지 않겠다는 듯이) 저는 육포를 달고 삽니다!

　　신정환 : (갑자기 끼어들며) 저는 잘 때 육포를 덮고 잡니다!

　　이때 사람들을 빵 터지게 한 것은 어떤 대목에서였을까? 바로 신정
환의 말에서 사람들은 웃음을 터뜨렸다.

　　허풍이 너무 심하다 보니 다소 유머러스하지 않았던 그 상황에서도
웃음을 만들어냈던 것이다.

7. 일상 속에서 유머 소재를 찾는 노하우란?

일상생활 중에서 짧지만 강렬하게 즉흥적인 유머를 구사할 수 있다면 그 사람은 큰 힘을 들이지 않고도 유머러스한 사람이라는 인상을 줄 수 있다.

유머의 소재를 일상 속에서 찾아보자. 지금 내가 처한 상황에서 재미있는 요소를 발견해내는 것이다. 이를 위해서는 일상의 재미에 언제나 마음을 열어놓고 있어야 한다. 늘 해야 하는 일에만 얽매여서 삶의 다양한 재미를 잃는 것은 인생을 낭비하는 일이다.

바로 내 일상이 코미디임을 알자. 어떤 훌륭한 개그맨이라도 일상 속에서 유머를 찾는다. 특별한 곳에서, 특별한 상황에서만 웃음을 찾다 보면 평범한 삶을 살고 있는 대중들의 공감을 얻을 수 없기 때문이다.

시트콤 유머

코미디가 하나의 상황극을 연출하여 웃음을 주는 것이라면, 시트콤은 일상 속에 숨은 웃음을 찾아내 보여준다.

중견 탤런트 김혜자 씨가 출연하여 주목을 받았던 〈청담동 살아요〉라는 시트콤의 유머를 보자.

세련된 청담동 건물들 사이에 조그맣고 허름한 만화가게가 끼여 있는 그림 자체가 유머러스하다.

만화가게 주인이자 하숙집 주인인 김혜자 씨는 시를 짓는 모임에 들어가 교양 있는 사람으로 처신하기 위해 무진 애를 쓴다. 하나둘 하게 된 거짓말이 쌓여 이제 진짜 자기가 어떤 사람인지도 모를 지경이다.

이런 배경 속에서 일상의 풍경이 펼쳐진다. 동네 백수들이 모여드는 만화가게, 세 홀아비들이 살고 있는 윗층 하숙방, 아이돌을 꿈꾸는 지하방의 청담불패 멤버들……. 마치 이 시대의 루저 군단 같은 캐릭터들이다.

103회 '김혜자 사용설명서' 편의 유머를 들어보겠다.

이 시트콤에서 김혜자 씨는 어쩌다 청담동으로 흘러 들어가게 된 이 시대의 평범한 주부이자 어머니다. 이를 보면 시트콤에서 웃음을 주는 코드가 무엇인지 이해할 수 있을 것이다.

[청담 만화방 하숙생 필독서]

- 제품명 : 아줌마
- 모델명 : 김혜자
- 사용목적 : 각종 집안일에 탁월한 기능이 있다
- 제품수명 : 예상수명 103세
- 작성자 : 남동생

※ 여태까지 보고된 고장의 원인을 알려드립니다.

1. 장시간 사용하면 과부하에 걸려 사소한 일에도 폭발할 수 있으니 주의하시기 바랍니다.

2. 연료(잔고)가 바닥이 나면 고함과 짜증을 유발할 수 있으니 마이너스가 안 되게 연료를 채워주시기 바랍니다.

3. 드라마를 보고 있을 시엔 말을 시키지 마시오. 특히 함부로 채널을 돌리는 건 심각한 위험을 유발하니 주의하십시오.

4. 시댁과 시누이와의 전화통화 후에는 오작동의 우려가 있으니 되도록 멀리 두시기 바랍니다.

5. 습한 날씨에는 연결 부위에 무리가 가므로 되도록 사용을 자제하시기 바랍니다.

※ 갑작스럽게 화를 낼 때

이 제품은 죽을 때까지 몸무게를 재는 경향이 있습니다. 조금이라도 찌면 기분은 급격히 나빠집니다.

※ 기분이 회복될 때

마음에 드는 옷을 입었을 때 제품은 다시 기분을 회복합니다.

일상 속에서 어떻게 유머 소재를 찾아? 하는 생각이 든다면 시트콤 유머를 떠올려보라. 시트콤에서 어떻게 우리를 웃게 하는지, 얼마나 소소한 것에서 웃음의 요소를 찾는지 말이다.

일상적인 소재에서 웃음을 찾으면 보다 큰 공감을 얻을 수 있다. 그래서 일상의 유머가 우리를 웃게 하는 것이다.

일상 비틀기

그때그때의 상황에 허를 찌르는 유머를 날려 주위를 웃게 하는 사람들이 있다. 이런 사람들은 심각한 분위기를 부드럽게 바꾸고 지루한 일상을 시원하게 만들어준다.

일상에서 벌어지는 일들을 가볍게 비틀어보라. 그 안에 유머가 숨어 있다.

회식 자리에서 한 남자직원이 가방을 들고 자리를 뜬다. 몰래 집에 가는 줄 알았더니 다시 돌아온다.
상사 : 어디 갔다 왔나?
직원 : 화장실에 다녀왔습니다.
상사 : 요즘은 남자들도 생리하나? 가방 들고 갔다 오게.

서울랜드 88열차를 타려고 사람들이 줄을 서 있다. 대부분 아이들을 태워주러 온 부모나 연인을 따라온 사람들이다. 화끈한 놀이기구에 길든 이들은 그다지 무섭지 않은 88열차에 약간 시큰둥한 표정이다. 이때 안내 방송이 흘러나온다.
"자, 이제 출발합니다. 재미있게 다녀오십시오. 지하철보다는 재밌습니다~"

어떤 눈으로 바라보느냐에 따라 일상 속에서 무수한 재미를 찾을 수 있다.
신호등 앞에 서 있는 사람들은 누군가 한 발짝만 떼어도 우르르 인도 밖으로 나온다. 이런 군중심리도 재미있는 유머 거리가 된다.

초보운전자들이 뒷 유리창에 붙여놓은 초보 딱지를 보면 그 사람이 얼마나 유머러스한 사람인지 알 수 있다.

큼직하게 '초보운전'이라고 써놓은 사람들이 있는가 하면, '밥하러 가는 중이에요'라는 애교 섞인 문구도 있다. 운전에 서툴면 "집에 가서 솥뚜껑 운전이나 해!"라고 외치는 사람들에게 유머로 응수하는 것이다.

'앞만 보고 운전함. 옆, 뒤 절대 안 봄!' '절대 졸음, 음주 운전 아님!' '저도 제가 무서워요', '3시간째 직진 중' 등 재미있는 문구가 많다.

유머감각을 기르고 싶다면 평범한 일상 속에서도 새로운 것을 찾으려 노력해야 한다. 그리고 남들이 꽃을 볼 때 그 주위의 벌과 주변의 숲까지 볼 수 있는 눈이 있어야 한다.

남들이 보는 것 이상을 볼 수 있는 능력이 창의성이다. 사람들이 그저 스쳐 지나가는 소소한 것이라도 무심히 보아넘기지 말고 그것에 대해 깊이 생각해보는 습관을 들여라.

그러다 보면 다소 엉뚱한 상상력이 발동된다. 천진난만함과 엉뚱함이 유머의 시작이다. 어린아이처럼 새로운 눈으로 사물을 바라보면 남들과는 다른 마음으로 일상을 대하게 된다.

8. 촌철살인의 유머는 대화를 승리로 이끈다

　유머의 맛은 촌철살인에 있다. 한마디 말로 상황을 역전시키고 웃음까지 선사하는 것이 촌철살인의 유머이다.

　촌철살인(寸鐵殺人)이란 한자어를 그대로 풀면 '한 치밖에 안 되는 칼로 사람을 죽인다' 는 뜻이다. 사자성어가 유래한 배경을 보면, 여기서 죽인다는 것은 깨달음을 얻게 한다는 의미로, 말 한마디로 마음을 움직이거나 허를 찌를 수 있다는 뜻이 된다.

　유머에는 반전이 필요하다고 말했다. 이는 허를 찔러 폭소를 터뜨리게 하기 위함이다. 촌철살인의 유머는 반전으로 허를 찌르고 대화의 판세를 뒤집어 한방에 상대를 감동시키기도, 무너뜨리기도 하는 유머이다.

살짝 발을 걸어 뒤집기

유명한 지도자들 중에는 촌철살인의 유머로 정적들을 호탕하게 대적한 이들이 많다.

윈스턴 처칠은 160센티미터의 뚱뚱한 단신에 대머리였지만, 입담은 그 누구에게도 지지 않았다.

한때 반대 의원들이 그의 생김새를 비꼬자 그는 이렇게 응수했다.

"갓 태어난 아기들은 전부 나처럼 생겼답니다."

유명한 문학가 버나드 쇼는 깡마른 몸을 가지고 있었다. 친구인 작가 찰스 다튼이 버나드 쇼에게 말했다.

"사람들이 자네를 보면 우리나라가 대기근에 시달리는 줄 알겠어."

다튼은 쇼와 달리 커다란 체구를 자랑하는 사람이었다.

버나드 쇼는 아무렇지도 않게 이렇게 대꾸했다.

"사람들이 자네를 보면 대기근이 자네 때문에 온 줄 알겠어."

촌철살인의 유머를 구사하기까지는 많은 독서량과 풍부한 대인관계, 인생 경험이 필요하다. 폭넓은 경험과 지혜 속에서 허를 찌르는 한 방이 나오는 것이기 때문이다.

촌철살인의 유머는 시원한 한방이다

정치인들이나 언론인이 이런 유머를 이용할 때 사람들은 통쾌한 기분을 느끼기도 한다. 백마디 말보다 화끈한 말 한마디로 사람들을 시원하게 만들어주는 것이다.

미국 대통령 오바마는 촌철살인의 유머를 잘 구사하는 사람 중 하나다. 지난 대선에서 카지노 재벌 셸든 아델슨은 오바마를 낙선시키기 위해 거액을 기부하였다. 이에 대해 오바마는 이렇게 말했다.

"셸든 아델슨이 저에 대한 네거티브 광고에 1억 달러를 내놓은 것 아시죠? 그 돈이면 섬을 하나 사서 '노바마' 라고 붙여도 될 큰 금액이죠. 셸든이 그 1억 달러를 나에게 내놓으며 대통령 후보직을 사퇴하라고 제안하는 게 더 나았을 겁니다. 아마 나는 그 제안을 받아들이지 않았을 테지만 생각은 해봤을 것이고, 아마도 미셸(영부인)은 돈을 받자고 했을 것입니다."

가끔 뉴스를 보다 보면 앵커의 마지막 멘트가 촌철살인의 통쾌함을 안겨주기도 한다. 고액 탈세자에 대해, SBS 김성준 앵커는 뉴스 클로징에서 이런 멘트를 날렸다.

"노블리스 오블리주로 유명한 경주 최 부자 집은 재산을 가난한 이에게 나눠주고 며느리는 무명옷을 입게 했더니 난리 통에 걸인들이 집을 지켜줬습니다. 오늘 보신 탈세 반칙왕은 세금 낼 돈 빼돌려서 명품 옷을 사 입고 다녔더니 집에 세무공무원이 찾아왔군요."

위의 앵커 멘트에는 유머의 기본적인 구성법이 그대로 구사되어 있다. 비슷한 어구를 반복하며 '무슨 이야기인가?' 하는 호기심을 유발하고 마지막에는 촌철살인의 한방을 날렸다.

말 한마디로 상대를 제압한다

유명한 소설가이자 목사인 스위프트에게 한 관리가 짓궂게 물었다.
"악마와 목사 사이에 소송이 일어난다면 누가 이기겠습니까?"
스위프트는 태연히 대답했다.
"당연히 악마가 이기겠지요."
예상치 못한 답변이 나오자 관리가 다시 물었다.
"뜻밖이군요. 그 이유가 무엇입니까?"
"그야, 법원의 관리들이 모두 악마 편이니까요."

유머는 주위 사람들을 행복하게 하기 위해 필요한 것이지만, 이렇게 팽팽하게 대적하는 상대와의 대화에서 뒤집기 한 판이 필요할 때도 있는 법이다.

나와 생각이 다른 사람이 은근히 비아냥거리며 공격해올 때, 발끈하지 말고 오히려 여유 있는 유머로 응수해보라. 그러면 내가 그보다 고수임이 분명해지고, 다시는 섣부르게 비아냥거리며 다가오는 일은 없을 것이다.

9. 그래도 유머가 어렵다면 특기를 익혀라

재치 있는 한마디, 재미있는 스토리텔링은 굉장한 순발력을 요한다. 상황에 따라 적절한 유머 요소를 찾아내고 청중을 고려하여 적시에 웃음을 터뜨려야 하기 때문이다.

선천적으로 이런 재능을 타고나지 못한 사람은 어떻게 해도 어렵게만 느껴질 것이다. 이런 이들이라면 한 가지 특기를 가져보길 권한다.

왜 연예인들이 예능 프로에 나와 성대모사를 하거나 코믹 댄스를 추겠는가. 말로 재미를 줄 수 없다면 그런 특기를 하나라도 준비해 오는 것이 대중들에게 친근하게 다가가기 위한 방법이기 때문이다.

친근감을 갖게 하라

어째서 배우나 스포츠 선수들까지 유머러스해야 하느냐고 반문한 다면, 그 이유는 이렇게 답하겠다. 그것이 자신을 알리거나 이미지를 바꾸는 가장 좋은 수단이라고.

연예인은 이미지를 먹고 산다. 정치인도 마찬가지다. 근엄한 정치인 들이 예능 프로에 출연하는 것은 모두 철저한 계산에 의한 것이다.

지금 시대에 대중들에게 어필할 수 있는 코드는 바로 유머와 친근감 이다. 그래서 그들은 망가지는 것을 두려워하지 않고 무엇이든 준비 해서 대중들에게 보여준다. 그것이 아무것도 하지 않는 것보다는 훨 씬 낫기 때문이다.

어찌 보면 우리도 연예인이나 정치인 못지않게 자기 자신의 이미지 를 팔며 살아가는 사람들이다. 그 대상이 주변 지인들이나 일 관계로 만난 사람들로, 그들에 비해 영역이 조금 작을 뿐이다.

평소에 과묵하고 진지했던 사람일수록 조금만 노력하면 사람들에 게 좋은 이미지를 심어줄 수 있는데, 그런 노력을 게을리할 이유가 있 겠는가. 이미지가 좋아지면 사업을 하는 사람은 매출이 오르고, 직장 을 다니는 사람은 주위 사람들에게 호감을 얻어 더 많은 기회가 생기 며, 사회 초년생들은 취업이나 인간관계가 수월해진다.

성대모사와 흉내내기

사람들이 가장 많이 시도하는 것이 성대모사와 흉내내기다.

이런 방면에 재능이 있는 사람은 연예인 성대모사 정도에 머물지 않고 주위 사람들을 기가 막히게 흉내 내어 사람들을 웃게 한다. 조금 더 단계가 발전하면 이런 유머에 도전해보기 바란다.

그러나 우선은 쉬운 것부터 시도해보자. 가장 쉬운 성대모사는 정치인 성대모사다. 유명 정치인의 성대모사에 시사 상식까지 살짝 곁들인다면, 여러분은 단번에 센스 만점에 매력 있는 사람으로 이미지 변신을 할 수 있다.

종편에서 방영된 SNL코리아의 대선후보 패러디 코너는 지난 대선 당시 큰 인기를 끌었다. 박근혜 후보, 문재인 후보의 TV토론을 패러디하며 후보들의 특징적인 부분을 완벽하게 재현해냈기 때문이다.

인터넷에서 '베이비시터 면접' 편을 찾아보기 바란다. 당시 굉장한 화제가 됐다. 흉내내기 유머의 진수를 느낄 수 있을 것이다.

정치인 성대모사와 흉내내기에서 한 가지 주의할 것은, 당시 사회의 이슈가 되는 사람들을 소재로 선택해야 웃음을 줄 수 있다는 것이다. 철 지난 성대모사는 재미가 없다. 예를 들어 대선 때는 대선 후보를, 인사청문회가 한창인 때에는 청문회에 나온 후보자를 흉내내는 것이 좋다.

간단한 특기 하나쯤은 익혀라

유머감각이 없다고 자부하는 이들이라면, 특기를 하나쯤 익히기를 권한다.

가장 효과적인 것은 간단한 마술을 배워 사람들이 모인 자리에서 시연해보는 것이다.

마술은 언제나 사람들을 즐겁게 한다. 모든 이들의 주의를 집중시키고 흥미를 유발하며 마지막 반전에서는 "와!" 하는 감탄을 자아낸다. 이러한 마법의 일반적인 구조가 바로 유머의 구성법과 동일하다는 것을 눈치 빠른 독자들은 알아챘을 것이다.

명함이나 지폐, 동전 등 주변에서 쉽게 구할 수 있는 물건으로 할 수 있는 마술이 좋다. 마치 마술쇼를 벌이듯 거창하게 준비해서 하는 것보다는 분위기에 맞게 즉흥적으로 하는 것이 더 재미있기 때문이다.

타로점이나 손금보기 등도 언제나 사람들을 흥미진진하게 만드는 것들이다. 일단 재미있는 점을 보고 나면 다음 이야기가 무궁무진하게 이어질 수 있다. 이런 소재는 바로 자신들의 인생 이야기를 털어놓는 계기가 되기 때문에 화제를 더 깊이 있게 만든다.

또 가장 쉽게 분위기를 만들어갈 수 있는 것으로 심리 테스트가 있다. 심리 테스트는 좌중의 주목을 끌고, 그 주인공은 언제나 심리 테스트를 받는 청중이므로 부드럽게 상대의 마음을 열 수 있다.

다음은 어떤 스타일의 리더십을 가졌는지 알아보는 심리 테스트이다. 따라서 나이가 많거나 높은 위치에 있는 사람들에게도 부담 없이 던져볼 수 있다.

[당신은 어떤 타입의 리더인가?]
"다음 세상에서 다른 동물로 다시 태어난다면 무엇이 되고 싶으세요?"라고 질문을 던진다.

1. 고래
2. 사자
3. 표범
4. 독수리

모두에게 질문한 후 한 사람씩 답을 듣는다. 이때 좌중의 모든 사람들이 각 사람들의 답에 집중하도록 해야 한다. 그리고 한 사람씩 리더십 타입을 설명해준다.

고래 :

고래를 선택한 당신은 부드러운 아버지와 같은 존재. 화목함을 강조하는 배려심 많은 리더입니다.

당신은 언제 어디서든 그저 존재하는 것만으로도 분위기를 화기애애하게 만들며 각자 독특한 개성을 가진 사람들을 한 마음으로 연결시키는 멋진 능력을 갖고 있습니다.

당신은 채찍보다는 당근을 이용하는 리더입니다. 그래서 강렬한 카리스마를 발휘하지 않는 듯도 보이지만, 당신을 따르는 사람들은 당신에 대한 신뢰와 존경을 품고 있지요. 개성이 강해 사람들과 잘 섞여들지 않는 조직원도 당신과 함께라면 하나로 뭉쳐질 수 있습니다.

사자 :

사자를 선택한 당신은 위엄 있는 리더십의 소유자. 조직원들을 늘 공평하게 대하며, 조직원의 역량을 최대치로 이끌어내는 베테랑 리더입니다.

당신은 지금껏 살아오며 쌓아온 경험을 모두 활용하고 정리하는 성실패입니다. 따라서 그 성실함과 위엄을 무기로 집단이 하나로 뭉치도록 하는 탁월한 능력이 있습니다.

당신은 자신이 납득할 수 있어야만 다른 사람에게도 설득력이 있다고 믿습니다. 따라서 절대로 터무니없는 일을 시키는 일이 없으며 할 수 있는 범위를 정확히 제시해줍니다. 때문에 당신이 무슨 일을 한다고 하면 아랫사람들은 안심하고 따라오게 됩니다.

그렇게 모두에게 정신적인 안정감을 주는 것이 당신의 큰 장점입니다. 누구 하나 차별하는 일 없이 언제나 모두에게 같은 태도로 대하기 때문에 호감도 또한 높습니다.

표범 :

표범을 선택한 당신은 강력한 카리스마의 소유자. 리더로서 스스로 의식하며 행동하지 않아도 주위 사람들이 당신을 알아서 따릅니다.

당신은 본래 자기 자신을 사랑하는 자유로운 사람입니다. 그래서 리더라고 해서 주위 사람들을 통솔하려 하거나 지시하는 일은 별로 없습니다. 스스로도 윗자리에 있고 싶다는 생각은 전혀 하지 않습니다.

하지만 이상하게도 당신에게는 리더의 역할이 자꾸 주어집니다. 그 이유는 당신이 가지고 있는 그 아우라 때문입니다.

질서 없이 흔들리고 무책임하게 행동하며 뒤죽박죽이었던 그룹이라도 당신이 리더로 나서는 순간 모두 알아서 제자리로 돌아가 자기 일을 찾고, 해결되지 않던 일도 물 흐르듯 자연스럽게 흘러가게 됩니다. 당신은 아무것도 한 일이 없는데 말입니다.

그저 리더로서 그 자리에 있는 것만으로도 사람들을 하나로 단결시키는 힘을 가진 당신은 매우 드물고 희귀한 존재입니다. 따라서 당신은 점점 더 윗자리로 올라가 더 많은 사람을 리드하게 될 가능성이 높습니다.

독수리 :

독수리를 선택한 당신은 웃음과 배려의 리더. 유머감각이 뛰어나 주위를 즐겁게 만드는 유연성 있는 리더입니다.

당신은 재미있는 것을 좋아합니다. 늘 유머러스한 분위기를 만들고 작은 일에서도 웃음을 찾는 무드 메이커입니다.

그러나 실은 아주 진지한 사람이라는 걸 사람들은 잘 모르고 있죠. 당신이 유머 리더십을 발휘하는 것은 사람들을 진지하게 관찰하여 분석하고 배려한 노력의 결과입니다.

당신은 재미있는 분위기를 만드는 것을 좋아하나 일에서는 실수가 없고 어려운 상황도 깔끔하게 정리하는 능력을 지니고 있습니다. 때문에 당신이 단지 재미있고 가벼운 사람이라고 무시받는 일은 없습니다. 당신은 자신의 진지한 모습을 누구에게도 보이지 않으려 하는 약간은 비밀스러운 구석이 있습니다.

모든 일을 혼자서 처리하려 하는 의지도 강합니다. 그래서 그 짐 때문에 늘 몸과 마음이 피곤하고 힘들 것입니다. 가끔은 그 짐을 내려놓고 충분한 휴식을 취할 필요가 있습니다.

좌중을 주목시키는 데는 그들의 관심사를 이야기하는 것이 가장 효과적이다. 타로점이나 심리 테스트 같은 것은 듣는 사람들의 인생이나 심리, 성격 등에 주목하게 하기 때문에 사람들의 관심을 자연스럽게 끌 수 있다.

10. 무릎을 탁 치게 만드는 속담과 관용어를 이용하라

　입담 좋은 시골 노인들과 대화를 하다 보면 나도 모르게 무릎을 탁 치며 이야기에 빨려들어갈 때가 있다. 바로 시의적절한 속담이나 관용구를 사용할 때다.

　내가 어렸을 적 마을에 머리가 비상한 어르신이 있었다. 그분은 학교 문턱도 밟아보지 못했지만 나오는 말마다 인생의 지혜가 담겨 있었다.

　그저 지혜만 담겨 있었다면 그분의 이야기가 지루했을지도 모른다. 그러나 그분이 드는 예나 적재적소에 쓰는 속담 덕분에 이야기는 지루하지 않았고 그분 주위에는 언제나 웃음이 넘쳤다.

　동네 왈가닥 처녀를 타박하면서는 "가마 타고 시집가기는 콧집이 앙그졌다!"(가마 타고 시집가기는 다 틀렸다) 하며 껄껄 웃으셨고, 부지런히 열심히 하라고 충고할 때는 "개도 부지런해야 더운 똥을 얻어 먹는겨!" 하셨다.

속담을 비틀면 유머가 쏟아진다

관용어와 속담은 대화를 생생하게 만든다. 그 안에는 유머 코드가 담겨 있어 지루한 이야기도 지루하지 않게 하는 놀라운 힘이 있다.

관용어나 속담에는 대부분 익살스럽고 감칠맛 나는 표현들이 많다. 그것을 익혀두었다가 적절히 대화에 섞다 보면 이야기를 맛깔스럽게 하는 사람으로 인정받게 된다.

그리고 관용어를 현대식으로 풀이하여 재미있게 표현하면 유머 지수는 더욱 높아진다.

뛰는 놈 위에 나는 놈 있고, 나는 놈 위에 붙어가는 놈 있다.
일찍 일어나는 새가 벌레를 잡는다. 일찍 일어나는 벌레는 일찍 잡아먹힌다.
개천에서 용 난 놈 사귀면 개천으로 빨려들어간다.
하나를 보고 열을 알면 그 사람은 무당.

티끌 모아 티끌.

원수는 엘리베이터에서 만난다.

작은 고추가 맵다. 수입 고추는 더 맵다.

젊어서 고생은 늙어서 신경통 된다.

가다가 중지하면 간 만큼 이득이다.

서당개로 삼 년이면 대학 가긴 글렀다.

개똥을 약에 쓰면 징역 간다.

소문난 잔칫집에 주차할 곳 없다.

경찰차 보고 놀란 가슴 새콤 차 보고 놀란다.

호랑이에게 물려 갔을 때 정신을 차리면 산 채로 잡아먹히는 고통을 느낄 수 있다.

키스한 개가 뽀뽀한 개 나무란다.

티셔츠 입고 티 자도 모른다.

명언도 뒤집으면 유머가 된다

유명한 사람들이 한 말에는 권위가 있다. 그 권위를 뒤집으면 웃음을 유발할 수 있다.

소년이여, 야동을 가져라!

내일 할 수 있는 일을 오늘 하지 말라.

즐길 수 없으면 피하라.

늦었다고 생각할 때가 가장 늦은 것이다.

내가 키스했다는 것을 우리 와이프에게 알리지 마라.

큰 일을 먼저 하라. 작은 일은 저절로 처리될 것이다. (화장실 유머)

보이는 게 전부입니다. 헤집지 마십시오. (슈퍼마켓 아이스크림 박스 위에)

"나 보기가 역겨워 가실 때에는~" 하며 유명한 시의 한 구절을 들다가 "가셔야지요"라고 끝내는 것도 반전을 주며 유머러스하게 처리하는 예이다.

모든 사람들에게 익숙한 명언이나 명시를 살짝 뒤집으면 예상이 빗나가는 통쾌함을 준다. 그리고 뒤집은 그 말이 틀리지 않을 경우 사람들은 위트를 느낀다.

유행어는 현대판 관용어다

요즘 유행어를 한두 개쯤 모르면 대화에 끼기도 어렵다는 것을 느껴 보았을 것이다. 유행어는 현대판 관용어라고 할 수 있다. 이미 사람들 사이에 굳어진 표현이라면 그것을 알아두어야 한다. 적재적소에 사용하면 유머러스한 대화로 이끌 수 있다.

〈직장의 신〉이라는 드라마에서 김혜수가 자주 하는 "제 업무입니다!", 지난해 영화 〈건축학 개론〉에서 "납득이 안 가, 납득이." 또는 영화 〈범죄와의 전쟁〉에서 하정우가 했던 "살아 있네!" 같은 대사는 현재 꾸준히 회자되며 개그의 소재로도 이용되고 있다.

또 정치인의 발언이 그대로 유행어가 되기도 하고, 유명인의 말투가 유행어가 되어 웃음을 주기도 한다. 노태우 대통령의 "나 이 사람 믿어주세요"는 당시에 엄청난 유행어가 되었고, 김영삼 대통령의 "갱제를 살립시다"도 많은 사람들이 따라 하는 유행어였다. 5공 청문회 때의 "잘 기억나지 않습니다"라는 말은 지금까지도 사라지지 않고 있다.

유행어는 시대의 거울이다. 몇몇 유행어는 계속 살아남아 끊임없이 사람들 입에 오르내린다. 어떤 유행어가 살아남을지는 그것이 얼마만큼 공감을 얻느냐에 달려 있다.

절묘하게 시대에 맞아떨어지는 말이라면, 유행어라고 무시할 것이
아니라 적극적으로 유머 소재로 이용해보는 것이 좋다.

행복한 삶은 자신이 만드는 것

가슴에 기쁨을 가득 담아라!
담은 것만이, 내 것이 된다.
좋은 아침이, 좋은 하루를 만든다!
하루를, 멋지게 시작하라.

얼굴에 웃음꽃을 피워라!
웃음꽃에는, 천만 불의 가치가 있다.
남이 잘되도록, 도와줘라!
남이 잘되어야, 내가 잘된다.

자신을 사랑하라!
행운의 여신은, 自身을 사랑하는 사람을 사랑한다.
세상을 향해 축복하라!
세상은 나를 向해 축복해준다.

기도하라!
기도는, 소망성취의 열쇠다.
힘들다고 고민 말라!
정상이 가까울수록, 힘이 들게 마련이다.

준비하고 살아가라!
준비가 안 되면, 들어온 떡도 못 먹는다.
그림자를 보지 말라!
몸을 돌려, 태양을 바라보라.

남을 기쁘게 하라!
10배의 기쁨이, 나에게 돌아온다.

끊임없이 베풀어라!
샘물은 퍼낼수록 맑아지게 마련이다.
안될, 이유가 있으면 될 이유도 있다!
될 이유만 말하라.

약속은 꼭 지켜라!

사람이 못 믿는 사람, 하늘도 못 믿는다.
불평(不評)을, 하지 말라!
불평은 자기를 파괴하는, 자살폭탄이다.

어디서나 당당하라!
기가 살아야, 운도 산다.

기쁘게 손해를 보라.
손해가, 손해만은 아니다.
요행(僥倖)을 바라지 말라.
대박을 노리다가, 쪽박을 차게 된다.

밝고 힘찬 노래만 불러라!
그것이, 성공 행진곡이다.
슬픈 노래를, 부르지 말라.
그 노래는, 복 나가는 노래다.

푸른 꿈을, 잃지 말라!
푸른 꿈은, 행운의 청사진이다.

감사하고 또 감사하라!
감사하면 감사할 일이, 생겨난다.
남의 잘함만을 보고, 박수를 쳐라!
그래야 복을 받는다.
좋은 말만, 사용하라!
좋은 말은, 自身을 위한 기도다.
희망의 꽃을 피워라!
희망의 꽃만이, 희망의 열매를 맺는다...

3장

거시기,
머시기
뒤집기 유머

1. 거시기 유머

❋ 거시기하게 사십시요 ❋

점잖은 집안에 최근 시집온 셋째 며느리가 말을 함부로 해 온 가족이 불안해했다.

마침 시아버지 환갑잔치가 벌어졌다.

삼형제 부부가 차례로 절을 하고 덕담을 드렸다.

먼저 큰며느리가 입을 열었다.

큰며느리 : 아버님, 학 같이만 사십시요.

시아버지 : 허허, 그 무슨 말인고?

큰며느리 : 학은 200년을 산다고 합니다. 오래오래 사십시요.

시아버지 : 오호, 그렇게 깊은 뜻이? 아가야, 고맙구나.

이번엔 둘째며느리가 사뿐히 절을 한다.

둘째며느리 : 아버님, 거북이 같이만 사십시요.

시아버지 : 그건 또 무슨 소린고?

둘째며느리 : 거북이는 500년을 산다고 합니다. 오래오래 사세요.

마침내 셋째며느리 차례가 되자 가족들 모두 긴장했다.

셋째며느리 : 아버님, 거시기처럼만 사십시요.

가족들은 모두 아이쿠 또 일을 저질렀구나 하며 가슴이 철렁 내려앉았고 시아버지도 무안해서 얼굴이 벌겋게 달아올랐다.

시아버지 : 아가야, 그게 무슨 해괴한 소리냐?

그러자 셋째며느리가,

"세상에 뭐니뭐니해도 죽었다가 다시 살아나는 것은 그 거시기뿐인가 하옵니다."

❖ 부자와 빈자의 차이는 ❖

부자는 맨션에 살고 가난한 자는 맨손으로 산다.

부자는 소고기 반찬을 먹고 가난한 자는 소고기 라면을 먹는다.

부자는 개소주를 보약으로 마시고 가난한 자는 깡소주를 보약 삼아 마신다.

부자는 쉬엄쉬엄 헬스클럽에 다니고 가난한 자는 핼쑥한 얼굴로 생존 본능에 의지하며 다닌다.

부자는 사우나 가서 땀을 빼고 가난한 자는 사우디 가서 땀을 흘린다.

❖ 달콤한 말 ❖

한 젊은이가 파티에 갔다.

그는 친구가 자기 아내에게 이렇게 말하는 것을 들었다.
"꿀처럼 달콤한 당신, 설탕 좀 주겠어요?"

그러면 아내는 이렇게 대꾸하는 것이었다.
"설탕 같은 당신, 꿀 좀 주겠어요?"

그는 이 대화를 듣고 참 좋다는 생각이 들었다.
그래서 다음 날 아내와 아침을 먹다가 말했다.

"돼지 같은 부인, 베이컨 좀 주겠어요?"

❈ 아버지의 직업 ❈

선생님 : 아버지는 무슨 일을 하고 계시지?
삼식이 : 식량 확대 주식회사 사장입니다.
선생님 : 회사 위치와 생산 품목은?
삼식이 : 광화문 옆에서 뻥튀기를 만드세요.

선생님 : 춘삼이 아버지는 무슨 일을 하고 계시지?

춘삼이 : 네, 저의 아버지 직업은 대변인입니다.

선생님 : 소속된 당과 성함은 어떻게 되시지?

춘삼이 : 국회의원 회관에서 화장실 청소를 하세요.

선생님 : 차돌이 아버지는 무슨 일을 하고 계시니?

차돌이 : 네, 저의 아버지는 수산업과 제과업을 하십니다.

선생님 : 아니, 회사를 두 개나 차릴 정도로 돈이 많단 말이니? 회사 위치와 생산 품목은?

차돌이 : 광양 시장에서 붕어빵을 만드십니다.

❀ 재미있는 한자 유머로 배우기 ❀

知未時八 安逝眠 (지미시팔 안서면)

아침 8시 전에

편안히 죽은 듯 잠자고 있으면

自知主人 何利吾 (자지주인 하리오)

스스로 대접받는 주인 노릇
할 수 없음을 알아야 하느니

女人思郎 一切到 (여인사랑 일체도)
여인이 남정네 사모하면, 모든 것 일체가

絶頂滿喫 慾中慾 (절정만끽 욕중욕)
절정의 순간을 만끽하는 데 이르니,
욕망 중에 으뜸이니라.

男子道理 無言歌 (남자도리 무언가)
도시 남자의 도리란
말없이 행위로 보여야 하거늘

於理下輿 八字歌 (어이하여 팔자가)
순리에 따른다면
팔자 타령으로 그만이지만

岸西面逝 世又旅 (안서면서 세우려)

해지는 서녘 바다 떠나야 할 때
이 속세 여정 다시 걷고파

飛我巨裸 王中王 (비아거라 왕중왕)
모든 것 벗어버리고 날아가니,
왕중왕이 되었도다!

2. 반전 유머

※ 아파트 이름 변천의 이유 ※

옛날 아파트 이름은 단순했다. 현대아파트, 삼성아파트, 롯데아파트…. 그런데 요즘 아파트 이름은 왜 이리도 길고 복잡할까? 거기다 복잡한 영어까지 넣어서. 예를 들면 타워팰리스, 미켈란쉐르빌, 아카데미스위트, 현대하이페리온 등….

알고 봤더니 그 이유는? 시어머니가 서울에 사는 아들집을 쉽게 찾지 못하도록 며느리들을 배려하기 위한 것이라는데….

그런데 최근 아파트 이름이 쉬운 이름으로 다시 바뀌고 있다고 한다. 그 이유가 무엇인지 아는가? 이름을 어렵게 만들었더니 시어머니가 시누이 손을 잡고 오기 때문이라나.

❈ 역주행하는 차 ❈

남편이 부산으로 출장을 떠났다.

부인은 집에서 우연히 교통방송을 듣다가 경부고속도로에서 차 한 대가 고속도로를 거꾸로 타고 있으니 조심하라는 방송을 듣게 되었다. 부인은 남편에게 급히 전화를 걸었다.

"여보, 조심해요. 지금 당신이 오고 있는 고속도로에서 차 한 대가 역주행하고 있으니 제발 조심해요."

그러자 남편이 말했다.

"우씨, 한 대가 아냐. 백 대도 넘어!"

❈ 어느 사장과 직원 ❈

회사 사장이 직원을 불러 말했다.

"자네가 우리 회사에 들어온 지도 1년이 되었구만. 자넨 입사해서 일주일 만에 대리가 되었고, 한 달 만에 과장, 6개월 후엔 부장, 그리고 지난달엔 부사장이 되었지. 이제 내가 은퇴할 시기가 된 것 같은데, 자네에게 우리 회사를 맡기고 싶네. 자네 생각은 어떤가?"

"고마워요."
"고마워요? 그게 자네가 할 말의 전부인가?"

"아뇨."
"좋아, 그럼 다시 말해보게."

"고마워요, 아빠."

❋ 아빠 닭과 병아리 ❋

하루는 아들 병아리가 아빠 닭에게 물었다.
"아빠, 우리는 왜 벼슬이 있어요?"
"그건 적들에게 우리의 위엄을 과시하기 위한 거란다."

"그럼 주둥이는 왜 뾰족하고 날카롭죠?"
"그건 적들을 무자비하게 공격해 혼내주기 위해서지."

"그럼 목소리는 왜 이렇게 커요?"
"그건 적들의 기선을 제압하기 위해서지."

한참 생각에 잠겨 있던 병아리가 물었다.
"그런데, 아빠?"
"왜 그러니 아가야?"

"그런 힘을 가진 우리가 지금 닭장 안에서 뭐하는 거죠?"

❋ 용기 있고 머리 좋은 남자 ❋

한 남자가 사랑하는 여자에게 결혼하자고 하자 여자가 말했다.
"저는 용기 있고 머리도 좋은 남자와 결혼하고 싶어요."
"지난번 보트가 뒤집혔을 때 제가 당신을 구해주지 않았습니까? 그걸로 제가 용기가 있다는 건 충분히 증명되지 않았나요?"

"그건 됐어요. 하지만 머리가 좋아야 한다는 조건이 남아 있어요."

그러자 남자가 의기양양하게 대답했다.
"그거라면 염려 탁 놓으십시오. 그 보트 뒤집은 게 바로 저거든요."

❋ 사회인을 슬프게 하는 현실 ❋

1. 나까지 나설 필요는 없다.
2. 헌신하면 헌신짝 된다.
3. 참고 참고 또 참으면 참나무가 된다.
4. 포기하면 편하다.
5. 왕관을 쓰려는 자, 그 무게를 견뎌라.
6. 아니면 말고.
7. 나도 나지만 너도 너다.
8. 목숨을 버리면 무기만은 살려주겠다.
9. 가는 말이 고우면 사람을 얕본다.
10. 잘생긴 놈은 얼굴값하고 못생긴 놈은 꼴값한다.
11. 공부는 실수를 낳지만 찍기는 기적을 낳는다.

12. 까도 내가 까.

13. 사회에 나가기 전 애인이 최고다.

14. 동정할 거면 돈으로 줘요.

❖ 사회인을 슬프게 하는 현실 2 ❖

1. 즐길 수 없으면 피하라.

2. 이 또한 지나가리라.

3. 대문으로 가난이 찾아오면 사랑은 창문으로 도망간다.

4. 내 부모에게 욕하는 건 참아도 나에게 욕하는 건 참을 수 없다.

5. 일찍 일어나는 새가 더 피곤하다.

6. 일찍 일어난 벌레는 잡아먹힌다.

7. 먼저 가는 건 순서가 없다.

8. 원수는 회사에서 만난다.

9. 고생 끝에 골병 난다.

10. 돌다리도 두들겨 보면 내 손만 아프다.

11. 어려운 길은 길이 아니다.

12. 개천에서 용 된 놈 만나면 개천으로 끌려 들어간다.

13. 이런 인생으론 자서전도 쓸 수 없다.
14. 늦었다고 생각할 때가 가장 늦은 거다.

3. 생활 유머

❀ 변기 안에 돈이 빠지면 ❀

10원짜리가 빠졌을 때 ; 수수방관
500원짜리가 빠졌을 때 ; 자포자기
1,000원짜리가 빠졌을 때 ; 우왕좌왕
5,000원짜리가 빠졌을 때 ; 안절부절
만 원짜리가 빠졌을 때 ; 이판사판
10만 원권 수표가 빠졌을 때 ; 사생결단

❀ 백수의 생활 수칙 ❀

백수는 만원버스에 절대로 타지 않는다.

백수는 횡단보도에서 절대로 뛰지 않는다.

백수는 시간대별 TV 프로를 모두 외운다.

백수는 절대 출퇴근 시간에 나다니지 않는다.

❀ 건망증의 최후 ❀

초기 : 담배를 거꾸로 물고, 불을 붙인다.

중기 : 담배를 거꾸로 물고, 라이터를 찾는다.

말기 : 라이터를 물고, 담배를 찾는다.

❀ 엄격한 버스 기사 ❀

어느날 한 고등학생이 집으로 가려고 버스를 기다리고 있었다.

그런데 그날따라 돈이 300원밖에 없었던 것이다.

걸어서 가기에는 집이 너무 멀었던 학생은 아무 대책 없이 버스에
올라탔다.

학생 : (가장 불쌍한 눈길로) 아저씨, 지금 300원밖에 없는데요……

그때 버스 안에는 손님이 한 사람도 없었다.
그래서 기사 아저씨가 그냥 태워줄 거라고 기대한 고등학생에게 버스 아저씨가 한 한마디,

버스 아저씨 : 서서 가!

❖ 선생님, 나와! ❖

어느 반에서 선생님이 한창 수업을 하고 있었다.
그런데 학생들이 선생님 바지에 구멍이 난 것을 보았다.
학생들이 킥킥거리며 웃자 선생님이 경고했다.

"웃지 마라!"

그래도 학생들이 계속 웃자 선생님이 말씀하셨다.

"도대체 누가 계속 웃는 거야! 웃는 놈보다 웃기는 놈이 더 나빠. 웃기는 놈 당장 나와!"

❉ 청소한 게 죄? ❉

딸이 오랜만에 스스로 집청소를 해놓고 엄마에게 자랑스럽게 문자를 보냈다.
"엄마, 내가 청소 다 해놨다!"
엄마는 집에 돌아와서 다짜고짜 딸을 후려쳤다.
어리둥절한 딸에게 엄마가 문자를 보이며,

"이 가시나가 이제 엄마한테 반말이가? '임마, 내가 청소 다 해놨다?'"

❉ 황당한 오타 ❉

친구와 약속이 있는데 늦잠을 자버린 A양,

친구에게 급히 문자를 보낸다.

"으아~ 미안해, 어떻게 해! 나 지금 태어났어."

❀ 어느 구매 후기 ❀

인터넷에서 샴푸를 구매한 고객이 구매 후기를 남겼다.

고객 : 내용물이 생각보다 작네요. 그래도 잘 쓰고 있어요. 향도 좋고 해서 잘 쓸게요. 음료수 딸려온 거 잘 마셨어요.

판매자 : 고객님, 사은품은 샴푸와 모발영양제 앰플인데 무엇을 마시셨는지요? 음료수는 보내지 않았는데요… . 행복하고 좋은 하루 되세요.

❀ 어느 부부의 대화 ❀

남편 : 여보, 당신은 왜 결혼반지를 엉뚱한 곳에 끼고 있소?

아내 : 그건 제가 엉뚱한 남자와 결혼을 했기 때문이에요.

4. 말장난 유머

✤ 소금이 갑 ✤

라면하고 참기름이 함께 보석상을 털었다.

그런데 얼마 후 경찰이 와서 라면을 잡아갔다.

참기름이 고소해서.

얼마 뒤에는 또 참기름이 잡혀가고 말았다.

라면이 불어서.

그런데 이 모든 것은...

소금이 짠 것이었다.

✤ 이거 알마니인데요 ✤

여행을 앞둔 어떤 남자가 선글라스를 사러 신나게 백화점으로 갔다.
남자는 맘에 드는 것을 발견하고 점원에게 가격을 물었다.

남자 : 이 선글라스 얼마예요?
점원 : 28만 원인데요.
남자 : 아니, 무슨 선글라스가 그렇게 비싸요?
점원 : 이거 알마니(Armani)인데요.
남자 : 예? 알만이요? 그럼 테까지 하면 얼마예요?

✤ 정말 뽑아 와? ✤

은행창구에서 한창 바쁜 시간에 수염이 덥수룩한 40대 남성이 급한
걸음으로 창구 앞으로 다가와 말했다.
"속도위반 벌금을 내러 왔어요."
은행창구 아가씨가,
"번호표를 뽑아 오세요."

라고 말하자 남자는 멍한 표정으로 은행 직원을 쳐다보았다.

"정말 뽑아 와야 해요?"

아가씨가 대답했다.

"네! 뽑아 오셔야 돼요!"

남자는,

"아, 바빠 죽겠는데 언제 뽑아 오라는 거야!"

하고는 문 밖으로 사라졌다.

한참 후 은행으로 다시 돌아온 남자,

"여기 있어요, 번호판."

❖ 여성 다이어트 헌장 ❖

우리는 건강한 민족의 역사적 사명을 띠고 이 땅에 태어났다. 조상의 빛나는 신체를 오늘에 되살려, 안으로는 장을 튼튼히 하고 밖으로는 빛나는 라인에 이바지할 때다.

이에 우리의 나아갈 바를 의사에게 처방받아 비만 치료의 지표로 삼는다.

성실한 마음과 튼튼한 몸으로 다이어트 기법을 배우고 익히며 타고

난 저마다의 신체를 계발하고 우리의 처지를 약진의 발판으로 삼아 아름다운 얼굴과 당당한 몸매를 기른다.

운동과 규칙적인 생활을 앞세우며 채소와 정량의 식사를 숭상하고 현대인들에 뿌리박은 웰빙 정신을 이어받아 남들이 부러워할 신체를 만든다.

규칙적인 식사와 운동의 협력을 바탕으로 체중이 줄어들고 신체 건강이 다이어트의 근본임을 깨달아, 건강한 신체에 따르는 책임과 의무를 다하여 스스로 다이어트에 참여하고 아름답고 당당한 건강함을 드높인다.

의사 처방에 투철한 비만 치료가 우리들 삶의 길이며, 건강 다이어트의 이상을 실현하는 기반이다.

길이 후손들이 부러워할 영광된 건강 미인의 앞날을 내다보며, 신념과 긍지를 지닌 근면한 건강인으로서 건강 미인의 슬기를 모아 줄기찬 노력으로 다이어트의 새 역사를 창조하자.

출처: 유머의 품격

❖ 허탈 넌센스 퀴즈 ❖

전주비빔밥보다 신선한 것은?

.............이번주비빔밥

슈퍼주니어를 한국말로 바꾸면?

.............가겟집 아들

자식이 아홉이다를 세 자로 줄이면?

.............힘 좋~다!

태종태세문단세를 다섯 글자로 줄이면?

.............왕입니다요~

세상에서 제일 빠른 개는?

.............번개

세상에서 가장 빠른 닭은?

.............후다닥

허수아비 아들의 이름은?

.............허수

오랜 봉사활동을 거쳐 빛을 본 사람은 누구?

.............심봉사

왜 콧구멍이 둘일까?

............하나면 후비다가 숨막혀 죽을까 봐

바닷물이 짠 이유는?

............물고기가 땀을 내면서 뛰어놀아서

닭이 길가다 넘어진 것을 두 글자로 줄이면?

............닭꽝

형과 동생이 싸우는데 가족들이 모두 동생 편만 든다. 형이 하는
말은?

............형편없는 세상~

서울 시민 모두가 동시에 고함을 지르면 무슨 말이 될까?

............천만의 말씀

'개가 사람을 가르친다' 를 네 글자로 줄이면?

............개인지도

토끼가 제일 잘하는 것은?

............토끼기

화장한 쥐가 창밖으로 내리는 비를 보고 있는 것을 여섯 글자로 줄
이면?

............화장쥐는 비봐!

신혼이란?

............한 사람은 신나고 한 사람은 혼나는 것

한 명의 야당 정치인과 두 명의 여당 정치인, 이를 사자성어로 말하면?

.............일석이조(한 명의 돌대가리와 두 명의 새대가리)

비아그라는 되도록 빠르게 삼켜야 한다. 왜 그럴까?

.............그렇지 않으면 목이 뻣뻣해질 테니까

한 남자가 25도짜리 소주 네 병, 6도짜리 맥주 열 병, 45도짜리 고량주 세 병을 마셨다. 이 남자가 마신 술은 모두 몇 도?

.............졸도

❀ 성경 넌센스 퀴즈 ❀

시험치면 백 점만 맞는 사람은?

.............미리암

천국에 가기 위해 제일 먼저 해야 할 일은?

.............죽어야 한다

성경에 나오는 인물 중 딸을 가장 많이 낳은 여자는?

.............막달라마리아(막딸나)

하나님께서 인간을 진흙으로 빚었다는 증거는?

.... 열받으면 굳어진다

예수님과 의사와 엿장수가 공통적으로 가장 좋아하는 사람은?

............병든 자

도둑들이 좋아하는 성경 구절은?

............내 하나님을 의지하고 담을 뛰어넘나이다(시 18:29)

성경 인물 중 장사를 제일 잘하는 사람은?

............사라

성경 인물 중 장사를 제일 못하는 사람은?

............사가랴

성경 인물 중 귀가 제일 밝은 사람은?

............들릴라

❀ 인연과 연인의 차이 ❀

옷깃을 스치면, 인연.

속옷을 스치면, 연인.

❀ 생각과 사실의 차이 ❀

어떤 부인이 눈이 밤탱이가 돼서 의사를 찾아왔다.

"아니? 누가 이랬습니까? 상처가 심하군요!"

"남편이요!"

"예? 남편은 해외 출장 중이라, 집에 안 계시다고 하셨잖아요?"

"저도 그렇게 생각했지요."

5. 아이들 유머

❧ 자녀에게 던지는 말 이렇게 바꿔보세요 ❧

▶ 그것밖에 못해? ⇒ 열심히 노력했구나. 다음엔 더 잘할 수 있을 거야.

▶ 참견 마. 네 일이나 잘해 ⇒ 신경 써줘서 고마워. 내가 알아서 할 수 있을 것 같구나.

▶ 다 너 위해 그런 거지, 엄마 좋으라고 그런 거야? ⇒ 이렇게 하는 게 네게 좋을 것 같아. 네게 많은 도움이 됐으면 좋겠구나.

▶ 꼴이 그게 뭐야? ⇒ 별로 좋아 보이지 않네. 무슨 일 있어?

▶ 그런 건 꿈도 꾸지마 ⇒ 그런 일은 아직 네겐 어울리지 않을 것 같은데. 대신 이런 건 어떨까.

▶ 네 친구들 좀 봐라. 너는 어쩜 그러니? ⇒ 남에게 맞추려 하지 말

고 네 장점을 찾아보는 건 어떨까.

▶ 네가 웬일이야? 공부를 다하고 ⇒ 열심히 하는 모습이 참 보기 좋네.

▶ 넌 구제불능이야 ⇒ 우린 너를 믿는다. 너도 충분히 할 수 있어.

▶ 네 말을 어떻게 믿어. 믿을 수 있게 해야 믿지 ⇒ 난 네 말을 믿지만, 좀 더 신뢰감을 주는 행동을 해주었으면 좋겠구나.

▶ 누굴 닮아서 그래! ⇒ 엄마(아빠)도 그런 적이 있었어. 너도 해낼 수 있어.

▶ 네가 뭘 안다고 나서. 넌 몰라도 돼 ⇒ 아, 그럴 수도 있겠다. 그럼, 네 생각은 어떠니?

▶ 넌 보나마나 뻔해 ⇒ 넌 재주가 많잖아. 설사 잘못되어도 실망할 것 없어. 또 하면 되는 거야. 열심히 해봐.

▶ 성적만 올리면 해달라는 것 다해줄게 ⇒ 공부만이 제일 중요한 건 아니지만, 네가 최선을 다해 좋은 결과를 내는 모습을 보고 싶구나.

▶ 너 내 자식 맞니? 널 괜히 낳았어 ⇒ 너 때문에 속이 상하는구나. 네가 엄마를 조금이라도 이해해주면 좋겠구나.

▶ 형 반만 따라가봐 ⇒ 형이 잘하는 게 있다면, 너도 나름대로 잘하는 게 있을 거야.

▶ 학교 때려치워라 ⇒ 학교 생활이 힘드니? 어렵고 힘들지만 그런

일을 겪으면서 성장하는 거란다.

▶ 네가 한두 살 먹은 어린애냐? ⇒ 이제 너도 철이 들어야지. 지금부턴 자신의 행동에 스스로 책임져야 할 때가 온 거란다.

❀ 선생님의 가르침을 가장 잘 따르는 아이 ❀

아들이 얼마 전에 시험을 봤는데 성적표를 내놓지 않자 엄마가 물었다.

"왜 성적표를 보여주지 않는 거니"

아들이 대답했다.

"선생님의 가르침을 따르기 위해서예요."

"선생님이 뭐라고 하셨는데?"

엄마가 물으니 아들이 당당하게 대답했다.

"부모님께 절대로 걱정 끼쳐 드릴 일을 하지 말라고요."

✤ 부전자전일세 ✤

아들이 날마다 학교를 빼먹고 놀러만 다니자 하루는 아버지가 아들을 불러놓고 무섭게 꾸짖으며 말했다.

"에이브러햄 링컨이 네 나이였을 때 뭘 했는지 아니?"

아들이 태연하게 대답했다.

"몰라요."

그러자 아버지는 훈계하듯 말했다.

"집에서 쉴 틈 없이 공부하고 연구했단다."

그러자 아들이 대꾸했다.

"아, 그 사람 나도 알아요. 아버지 나이였을 땐 대통령이었잖아요?"

✤ 아빠, 기억이 뭐야? ✤

아들 : 아빠, 기억이 뭐야?

아빠 : (흐뭇하게) 아가, 예전에 아빠랑 강가에 놀러 가서 공놀이 하다가 공 빠뜨렸던 것 생각나지?

아들 : 응, 그때 초록색 공 빠뜨렸잖아.

아빠 : 그렇게 예전에 있었던 어떤 일들을 생각해내는 걸 기억한다고 하는 거야.

아들 : 응, 기억나. 그럼 아빠, 니은은 뭐야?

❈ 할머니 말투 ❈

네 살 된 아들을 시어머니에게 맡기고 직장을 다니는 며느리는 어린 아들이 자꾸 할머니 말투를 따라 하는 것이 걱정이었다.

하루는 집에 전화를 했더니 아들이 전화를 받았다.

"오, 아가! 할머니 뭐하시노?"

"디비잔다."

엄마는 아들의 말에 당황하며, "할머니 좀 바꿔봐라."

그러자 아들이 하는 말,

"에이, 지금 깨우면 지랄할낀데."

✤ 어디서 눈을 동그랗게 뜨고! ✤

버스 안에서 한 여학생이 서 있었다.

앞의 손님이 내려서 여학생이 막 앉으려는 찰나, 한 아줌마가 여학생을 밀치고 자리를 차지하는 것이었다.

여학생은 어이가 없다는 표정으로 아줌마를 바라봤다.

아줌마가 화내며 말했다.

"어디서 어른한테 눈을 똥그랗게 뜨고 쳐다봐?"

그러자 여학생의 대답.

"그럼 아줌마는 눈 네모나게 뜨실 수 있어요?"

✤ 황당한 영어 해석 ✤

초등학교 영어 시간.

선생님이 아이들에게 물었다.

"여러분~ 'thank you' 는 '고맙습니다' 라는 뜻이랍니다. 그렇다면 'thanks' 는 무슨 뜻일까요?"

한 아이가 자신만만하게 대답했다.

"고맙습~!!"

✣ 머리 쓴 딸 ✣

딸 : 아빠, 어두운 곳에서 글씨 쓰실 수 있어요?

아빠 : 쓸 수 있을 거야. 근데 써줘야 하는 글씨가 뭔데?

딸 : (성적표를 내밀며) 부모님 서명 란에 아빠 이름을 써 주세요.

6. 특징을 캐치하는 발상 유머

❖ 빌 게이츠의 만병통치약 ❖

빌 게이츠가 중병에 걸려 병원에 갔다.
진찰한 의사는 고개를 흔들며 말했다.

"심각한 바이러스가 당신의 몸에 침투해 있습니다. 현대의학으로는
도저히 치료할 수 없는 신종 바이러스입니다."

빌 게이츠가 물었다.

"약물로 치료가 안 됩니까?"

"안 됩니다."

"수술로도 완치가 안 됩니까?"

"불가능합니다."

그러자 빌 게이츠가 최후의 해법을 제시했다.

"그럼, 포맷해주세요."

✤ 교수님은 다 달라 ✤

두 학생이 싸우는 것을 본 각 학과 교수들의 반응,

경영학과 교수 : 이봐, 서로 싸우면 손해다.

의류환경학과 교수 : 옷 찢어질라.

행정학과 교수 : 경찰 불러!

응용통계학과 교수 : 저러는 게 일주일에 한 번 꼴이니… 쯧쯧…

아동학과 교수 : 애들이 배울라~

신방과 교수 : 남들이 보고 있다는 거 모르나?

러시아어학과 교수 : 쓰발노무스키.

중어중문학과 교수 : 초전박살! 임전무퇴!

신학과 교수 : 회개기도 합시다. 아버지!

영문학과 교수 : Fighting!!

미술과 교수 : 어이, 두 넘 다 옷 벗고 기다리라. 누드모델 구하기 영
~~ 어려븐디.

경제학과 교수 : 돈 안 되는 녀석들.

식물학과 교수 : 박터지게 싸우네.

축산학과 교수 : 저런, 개새끼들.

법학과 교수 : 느그덜 다 구속감이다!!

사진학과 교수 : 니들 다 찍혔어.

식품영양학과 교수 : 도대체 저것들은 뭘 쳐먹었길래 영양가 없이
저 난리야?

건축학과 교수 : 저 자식들 도대체 기초가 안 돼 있어, 기초가!

광고학과 교수 : 여러분들, 저 녀석들 함 보세요~!

미생물학과 교수 : 저런, 저런 썩을 넘들 같으니라고.

❀ 여자를 고문하는 방법 ❀

1. 일단 방에 가둔다.

2. 일류 디자이너가 만든 옷 천 벌을 넣어준다.

3. 절대 거울을 주지 않는다.

❀ 파리의 암수 구별법 ❀

아내가 부엌에 들어가보니 남편이 파리채를 들고 어슬렁거리고 있
었다.

　아내 : 당신 지금 뭐해요?
　남편 : 보면 몰라, 파리 잡고 있잖아.

아내가 다시 물었다.

아내 : 파리를 잡기는 했어요?
남편 : 당연하지! 수컷 셋하고 암컷 둘을 잡았어!

남편의 의기양양한 대답에 아내는 어리둥절….

아내 : 아니, 어떻게 그게 암컷인지 수컷인지 알았어요? 당신 그런
거 잘 모르잖아요?
남편 : 셋은 맥주 깡통에 붙어 있었고, 둘은 전화기 위에 앉아 있었
거든.

❋ 고구마 양의 질투 ❋

감자 군과 고구마 양은 친구였다.
감자 군과 고구마 양이 길을 가는데, 저 앞에 찹쌀떡 양이 앉아
있었다.

찹쌀떡을 본 감자 군은 고구마에게 말했다.
"야~ 찹쌀떡이다. 정말 이쁘지 않니?"

"이쁘긴 뭐가 이뻐~!"

"저봐~ 뽀송뽀송하구 하얀 피부를…."

고구마 양은 속으로 찹쌀떡 양을 질투하고 있었다.

그때 그 이야기를 들은 찹쌀떡은 창피해서 자리를 피했다.

그런데 찹쌀떡에 묻어 있는 하얀 가루가 떨어지는 것이 아닌가?

그러자 고구마가 말했다.

"거봐~ 화장발이지~"

✤ 공원 벤치는 ✤

한 아가씨가 낮술을 먹고 어지러워 공원 의자에 앉았다.

　주위에 아무도 없자 아가씨는 하이힐을 벗고 의자 위로 올라가 다리를 쭉 펴고 졸았다.

　노숙자가 아가씨에게 어슬렁거리며 다가오더니 말을 걸었다.

"이봐, 아가씨! 나하고 연애할까?"

깜짝 놀라 잠이 달아난 아가씨가 노숙자를 째려보며 말했다.
"어떻게 감히 그런 말을 저한테 할 수 있죠?"

아가씨는 화가 나는지 목소리를 높여가며 계속 따졌다.
"이봐요, 나는 당신 같은 사람이 접근할 수 있는 그런 싸구려 연애 상대가 아니에요!"

노숙자는 눈을 꿈쩍도 하지 않고 아가씨에게 말했다.
"그럴 마음도 없으면서 왜 내 침대에 올라가 있는 거야?"

7. 별별 랭킹 유머

❁ 백수에도 등급이 있다 ❁

3등급; 초보 백수

남아도는 시간을 주체하지 못해 안절부절못한다.

만화 가게나 비디오 대여점 주인과 말을 트기 시작한다.

직업을 물으면 어쩔 줄 몰라 한다.

주머니가 비면 외출이 불가능하다.

남들 노는 일요일이 되면 허전하게 느껴진다.

2등급; 어중간한 백수

넘쳐나는 시간이 그리 부담스럽지 않다.

비디오 대여점이나 만화 가게 주인 대신 가게를 봐주기도 한다.

주머니가 비어 있어도 일단 나가고 본다.

머리를 감지 않고 일주일 정도 버틸 수 있다.

1등급; 프로 백수

무궁무진한 시간을 자유자재로 활용하는 시테크 전문가.

자신만의 취침 및 기상 시간을 고수한다.

몇 달 몇 일을 같이 놀아도 도대체 그가 무슨 일을 하는지 아는 이
가 없다.

빈 주머니일수록 당당히 행동한다.

❈ 연령별로 '여자가 싫어하는 여자' 1위는? ❈

10대; 이쁜데 공부도 잘하는 년

20대; 성형수술했는데 티도 안 나고 이쁜 년

30대; 결혼 전에 오만 짓 다하고 신나게 놀았는데 시집 잘 가서 잘사
는 년

40대; 골프 치고 놀 거 다 놀고 쏘다니는데 자식들 대학 척척 붙는 년

50대; 먹어도 먹어도 살 안 찌는 년

60대; 건강도 타고났는데 돈복도 타고난 년

70대; 자식들도 효도만 하는데 서방까지 멀쩡하게 살아 호강하는 년

80대; 아직도 살아 있는 년

❖ 공처가 대회 수상자의 소감 ❖

5위. 장려상 수상자

"아내의 아내에 의한 아내를 위한 남편이 되겠습니다."

4위. 동상 수상자

"아내가 나를 위해 무엇을 할지 생각하기 전에 내가 아내를 위해 무엇을 할지 먼저 생각하겠습니다."

3위. 은상 수상자

"나는 아내를 존경한다. 고로 존재한다."

2위. 금상 수상자

"나는 아내를 위한 역사적 사명을 띠고 이 땅에 태어났다."

★ 특별상 수상자
"니들이 아내를 알어?"

★ 공로상 수상자
"나에게 아내가 없다는 것은 저를 두 번 죽이는 거예요."

1위. 영예의 대상 수상자
"내일 지구가 멸망한다 해도 나는 오늘 설거지, 청소, 빨래를 할 것이다."

8. 공감 유머

✤ 행복할 때, 슬퍼질 때, 살기 싫어질 때 공감하는 언어✤

1.
행복할 때; 길가다 우연히 뒷모습이 내 이상형인 사람을 찾았을 때
슬퍼질 때; "차 한잔 하실래요?"라는 말을 하는 순간 그 얼굴이 옆집 아줌마인 걸 알았을 때
살기 싫어질 때; 우리 엄마가 옆에 같이 있을 때

2.
행복할 때; 심심해 죽겠는데 친구 전화 왔을 때
슬퍼질 때; 그 친구가 막 욕하고 끊을 때

살기 싫어질 때; 그 전화만 한 시간 되풀이될 때

3.
행복할 때; 오랜만에 라면을 너무 맛있게 끓였을 때
슬퍼질 때; 맛있게 먹고 국물까지 다 먹어가는 순간 바퀴벌레를 발견했을 때
살기 싫어질 때; 목에서 뭐가 올라오려는 걸 간신히 참고 남은 국물을 버리는데 개미가 딸려나올 때

4.
행복할 때; 한참 재미있게 게임할 때
슬퍼질 때; 발로 잘못 건드려 코드 뽑힐 때
살기 싫어질 때; 다시 들어가니 바이러스 때문에 컴퓨터 안 켜질 때

5.
행복할 때; 수업시간에 코가 간지러워 손가락을 깊숙이 넣었을 때
슬퍼질 때; 잘못 들어가 안 빠질 때
살기 싫어질 때; 선생님이 내 이름 불러서 시선이 집중될 때

6.

행복할 때; 일주일 동안 고생하던 변비가 공중화장실에서 뚫렸을 때

슬퍼질 때; 내렸던 물이 다시 올라오며 넘칠 때

살기 싫어질 때; 모른 척하고 나오려고 문을 열었는데 문앞에 사람들이 쫙 서 있을 때

❈ 신병의 신세 ❈

선임병이 후임병에게 꿀꽈배기를 하나 던져주며,

선임병 : 야! 이거 어떻게 생긴 것 같냐?

후임병 : 꼬여 있습니다!

선임병 : 그게 니 군생활이다.

고참 : 신병아, 눈감아봐라.

신병 : 네, 알겠습니다! (눈 감는다)

고참 : 뭐가 보이나?

신병 : 아무것도 안 보입니다!

고참 : 그게 니 남은 군생활이다.

✤ 뿌리칠 수 없는 유혹 ✤

판사 : 금은방에서 진주목걸이를 훔쳤지? 도대체 또 왜 그랬나?

도둑놈 : 네, 그 진주목걸이가 걸려 있는 곳 바로 위에 "이 놀라운 기회를 놓치고 후회하지 마세요"라는 글이 적혀 있는데 그 유혹을 뿌리칠 수 있어야죠.

✤ 백수의 주기도문 ✤

엊저녁에 봤던 프로가 오늘 아침에 재방송해도 전혀 지루함을 못 느끼게 하소서.

처음 본 친구 집에 가서도 전혀 불편함을 못 느끼게 해주소서~.

무릎 나온 추리닝 한 벌만으로 능히 한 달을 버틸 수 있게 하시며,

목욕과 세수, 머리 감는 것은 일주일에 한 번만 하여 환경보호에 이

바지할 수 있도록 하오소서.

시간감각이 둔해지게 해주옵시고,
무협지 없는 인생은 무슨 재미일까 하는 철학적 고민을 허락하시오
소서.

주위 사람들의 구박을 묵묵히 견뎌낼 수 있는 힘을 주오소서. 또한
언제나 바쁜 척할 수 있는 능력을 주소서~.

부모님이 잠드는 시간에 맞춰 눈을 뜨게 하옵시며,
부모님이 깨시는 시간에 맞춰 눈을 감게 해주시옵소서!

❀ 여자가 하면 애교, 남자가 하면 변태 ❀

1.
길거리에서 여자가 맘에 드는 남자를 쫓아간다.
그 여자는 적극적인 여자가 된다.
길거리에서 남자가 맘에 드는 여자를 따라간다.

그 남자는 껄떡이, 추근이, 스토커가 되어 욕 바가지로 먹는다. 하지만 남자도 좋아하면 그럴 수 있다...

2.
남자 화장실에 여자가 들어간다.
당연히 있을 수 있는 실수로 받아들여지고 애교로 봐준다.

여자 화장실에 남자가 들어간다.
바로 잡혀간다. 변태로 낙인 찍힌다. 하지만 남자도 실수를 한다.

3.
여자가 아~~~잉 하고 애교를 떤다.
아아... 귀엽다, 죽으라고 해도 들어준다...

남자가 아~~~잉 한다.
오 shit, 너 일루 와봐. 한 대 맞는다. 하지만 남자도 그럴 수 있다.

4.
여자가 열 살 어린 영계남과 사귄다.

와~ 능력 있다.

남자가 열 살 어린 영계녀와 사귄다.
불륜, 도둑넘, 원조교제라 한다... 하지만 남자도 사랑한다면 그럴 수 있다...

5.
대학, 사회에서 여자 선배가 남자 신입의 엉덩이를 두둘긴다.
격려, 독려에 가슴이 찡하다.

남자 선배가 신입 여성의 엉덩이를 두들기며 격려한다.
공중전화 응급 통화를 누르고 112를 누른다. 하지만 남자도 격려할 수 있는 거다.

6.
여자가 빨랫줄에 걸린 남자 옷을 걷는다.
아... 가정주부가 빨래를 걷는구나. 아름답다고 생각한다.

남자가 여자 속옷을 걷고 있다.

저넘 변태닷 한다. 하지만 남자도 빨래는 한다.

❋ 남자가 하면 박력, 여자가 하면 추태 ❋

1.

날씨가 더운 여름, 남자는 웃통을 벗어던진다.

멋진 몸매를 가질수록 남자들로부터는 부러움, 여자들로부터는 사랑의 대상이 된다.

역시 더운 여름 여자가 웃통을 벗어던진다.

미친년 취급 받는다. 손가락질 받는다. 재수없으면 돌이 날라올 수도 있다.

금방 정신병원 차가 와서 실어간다. 빽차로 실려갈 수도 있다.

2.

남자가 술자리에서 500cc 원샷을 연속으로 한다. 끄떡없다.

술 쎄다, 멋지다, 웬지 강하다는 느낌을 받는다.

여자가 술자리에서 500cc 원샷을 연속으로 한다. 역시 *끄떡*없다.

지독한 X, 저걸 누가 데려가, 헉 저게 여자야? 라는 소리를 듣는다.

3.

아들이 늦게까지 술을 먹다가 집에 전화해서 "어머니, 저 술 먹다가 차가 끊겼습니다. 내일 아침에 들어가겠습니다." 한다.

"그래, 건강 생각해서 적당히 마시고 내일 들어오너라." 그리고 집에 오면 해장국을 끓여준다.

딸이 역시 늦게까지 술을 먹다가 집에 전화해서 "엄마, 저 술 먹다가 차가 끊겼거든. 낼 들어갈게" 하면...

"야 이 미친X아, 너 기어서라도 12시 안에 들어와!"라면 다행, "이노무 기집애, 그래, 아예 거기서 술이랑 살어라! 집에 들어오면 아주 그냥 죽는다!!!"

4.

화장실이 너무 급해서 남자가 길거리 전봇대에 실례를 한다.

어머, 저 사람 봐! 야, 조용히 해! 들을라... 그냥 조용히 넘어간다.

화장실이 너무 급해서 여자가 길거리 전봇대 뒤에 앉아서 실례를
한다.

야야야야... 저 여자 봐... 미쳤나 봐! 저 여자 시집 다 갔네...

5.

남자, 술 먹고 술이 떡이 돼 친구한테 업혀 온다.

아이고, 이게 웬일이래... 여보, 얘가 무슨 안 좋은 일이 있나 봐요...
하면서 걱정한다.

여자, 술 먹고 술이 떡이 돼 친구한테 업혀 온다.

"이 미친X이 돌았나? 너 이X 너 내일부터 나가지 마!" 혹은 머리를
밀리기도 한다.

9. 비꼬기 유머

❀ 정치인이 국민의 말을 알아들을 때는 세 번뿐이다 ❀

정치인은 국민의 말을 세 번 알아듣는다.

1. 집에 가서 잠이나 자라고 할 때
2. 밀린 법안들을 빨리 처리하라고 할 때 (몇 개 골라서 '날치기 통과' 시킨다)
3. 말싸움 좀 그만 하라고 할 때 (말싸움 대신 '몸싸움' 한다)

❧ 어느 묘비명 ❧

어떤 사나이가 묘지에 갔다가 다음과 같은 묘비명을 보았다.

"변호사, 정직한 사람, 박달봉 이곳에 묻히다."

그러자 사나이는 탄성을 질렀다.

"아! 세상에 이럴 수가 있나! 한 무덤 속에 세 사람이 묻혀 있다니!"

❧ 군대에서 선임의 언어 해석하기 ❧

옛날엔 말야~ → 지난달엔
내가 너만 할 땐~ → 지난달엔
요즘 애들은~ → 내 또래들은
믿는다, 잘해~ → 일이 잘못되면 니 이름 댈 거야
말대답하냐? → 오늘 대화는 이것으로 끝낸다
편해 보인다? → 나도 편했는데, 낄낄

야한 얘기 좀 해봐~ → 야한 얘기 좀 해봐

내 밑으로 니 위로 집합시켜!~ → 오늘 너 되게 기분 나쁘게 만들 거야

내 위로 니 밑으로 집합시켜! → 병신

어디가 아파서 왔어? → 알약 많이 있으니까 좋아하는 색깔로 골라
먹어

죄송하면 군생활 끝나냐? → 나도 무슨 말인지 모르지만 테레비 보
니까 갈굴 때 다들 이러던데

꼽냐? → 꼽다고 하면 어떡하지...

휴가 나가면 형 동생 해야지~ → 니가 술 사야지

전역하면 진짜 열심히 살아야지 → 들숨날숨 정도의 의미밖에 없음

✤ 똥차에 들은 건 똥? ✤

몹시 더운 어느 여름날, 버스 승객이 더위를 참을 수가 없어 한마디
했다.

"제기랄, 이 똥차 왜 이렇게 안 가?"

그러자 버스 기사가 그 소리를 듣고 말했다.

"똥이 차야 가지."

❀ 언니, 그 티코 얼마 주고 샀어? ❀

어느 날 티코를 탄 아줌마가 도로 위를 달리다가 빨간불이 들어오자 차를 멈추고 기다리고 있었다.

그런데 옆에 그랜저를 탄 아줌마가 멈춰서더니 잘난 체하려고 티코 탄 아줌마한테 껌을 짝짝 씹으며 물었다.

"언니~ 그 티코 얼마 주고 샀어?"

그러자 티코 탄 아줌마는 별꼴을 다 보겠네 하며 무시하고 차를 달렸다.

그러다 다음 신호등에서 빨간불이 들어와 또 멈춰서 있을 때 그랜저 탄 아줌마가 다시 옆에 서더니 물었다.

"언니! 그 티코 얼마 주고 샀냐니깐?"

티코 탄 아줌마는 무시하고 다시 달렸다.

또 빨간불이 들어왔다.

티코가 멈추자 그랜저가 옆에 와서 다시 물었다.

"언니! 그 티코 얼마 주고 샀냐고 묻잖아!"

그러자 티코 탄 아줌마,

"야이~ 가시나야! 벤츠 사니까 덤으로 껴주더라, 와!"

❖ 정치가가 가져야 할 오감 ❖

1. 치고 빠질 줄 아는 박진감
2. 말과 행동에서 나오는 이질감
3. 선거에서 졌을 때 아는 패배감
4. 선거에서 이기고 공약 까먹는 건망감
5. 지고 또 나오는 뻔뻔감

❖ 천당과 지옥의 축구 경기 ❖

악마가 천사에게 와서 말했다.

"어이, 우리 지옥 식구들과 너네 천당 식구들이 축구 한 게임 하자!"

그러자 천사가 한참을 생각하고는 말했다.

"좋아. 하지만 우리가 이길걸? 전 세계 슈퍼스타는 다 천당에 있잖아?"

그러자 악마가 말했다.

"낄낄낄. 과연 그럴까? 심판이란 심판은 다 여기 있는데?"

❉ 가장 확실한 예언 ❉

많은 사람들이 전쟁이 언제 끝날지 몰라 매우 불안해하고 있었다.

그런데 한 정치가가 전쟁이 두 달 안으로 종결될 것이라고 큰소리를 치고 다니는 것이었다.

기자가 그를 찾아 인터뷰를 했다.

기자 : 많은 군사 전문가들이나 점쟁이들도 예측 못하는 것을 어떻게 그렇게 확신 있게 말씀하실 수 있는 거죠?

정치가 : 이번 전쟁에 우리 둘째 아들놈이 참가했기 때문입니다.

기자 : 아, 아드님이 아주 뛰어난 인재인 모양이군요.

정치가 : 아니오, 내가 지금까지 그 녀석이 직장이든 뭐든 두 달 이상 넘기는 꼴을 못 봤거든요.

10. 화장실 유머

✤ 방귀를 한 글자에서 스물두 글자까지 표현하기 ✤

한 자로 표현하면 "뽕"
두 자는 "뽀옹"
세 자는 "똥트림"
네 자는 "가죽피리"
다섯 자는 "두 산의 분노"
여섯 자는 "항문의 소나타"
일곱 자는 "쌍바윗골의 비명"
아홉 자는 "내적 갈등의 외적 표현"
열한 자는 "꽁보리밥의 이유 없는 반항"

스물두 자는 "작은창자 작사 큰창자 작곡 - 항문은 왜 그리 슬피 우나요 "

❖ 손을 안 씻는 이유 ❖

영구가 화장실에 다녀왔다.

화장실에 갔다 오면 항상 손을 씻던 영구가 그날따라 손을 안 씻자 옆에 있던 영칠이가 물었다.

"형, 오늘은 화장실 갔다 와서 왜 손 안 씻어?"

그러자 영구는 웃으며 대답했다.

"웅, 오늘은 화장실에 휴지가 있더라구."

❖ 화장실의 비밀 ❖

어느날 동팔이가 등굣길에 배가 아파 가까운 지하철 화장실로 급하게 뛰어들어갔다.

그런데 두 번째와 세 번째 칸에는 사람들이 줄을 서 있는데 첫 번째 칸에는 아무도 서 있지 않은 것이었다.

동팔이는 첫번째 칸이 엄청나게 더러운가 보다고 생각하며 두 번째 칸 맨뒤에 섰다.

한참을 서 있다가 더는 참을 수 없었던 동팔이는 첫 번째 화장실 문을 열고 들어갔다.

그런데 화장실은 의외로 깨끗했다.

얼른 들어가서 일을 보려는데 화장실 옆벽에 굉장히 야한 낙서가 있는 게 아닌가?

누나가 어쩌구저쩌구~ 친구가 낮잠을 자는데 어쩌구저쩌구...

동팔이는 한참 흥미진진하게 읽어내려갔다.

그런데 아주 결정적인 순간에 내용이 딱 끊겨버린 것이었다.

그리고 제일 마지막 줄에 이렇게 쓰여 있었다.

다음 칸에 계속...

❖ 말거는 남자 ❖

어떤 남자가 화장실에서 큰일을 보고 있는데 옆 칸에 있는 남자가
말을 걸어왔다.

"안녕하세요?"
남자는 혹시나 휴지가 없어 그러는지 싶어 대답해주었다.
"아, 네... 안녕하세요?"
잠시 침묵이 흐른 후 다시 말을 건네는 남자.
"저기, 점심 식사는 하셨구요?"

화장실에서 왜 밥 먹는 얘기를 하는지 남자는 의아했지만 대답해주
었다.
"네, 저는 먹었습니다. 댁은 식사 하셨구요?"
그러자 옆 칸의 남자가 말했다.

"저... 죄송하지만 전화 끊겠습니다. 옆에 이상한 사람이 자꾸 말을
걸어서요."

11. 건 배 사

소나기!

소통을 나누면 기쁨이 나에게 온다

원더풀!

원하는 것보다 더 잘 풀리길

가오리!

가슴속에 오래 기억되는 리더가 되자

개나리!

개인과 나라와 이웃을 위하여

위하여!

위기를 기회로

나이야, 가라!

청춘아, 오라!

선배는! 끌어주고!

후배는! 밀어주고!

껄껄껄!

좀 더 사랑할걸, 좀 더 즐길걸, 베풀걸

변사또!

변함없는 사랑으로 또 만나자

무화과!

무척이나 화려했던 과거를 위하여

사이다!

사랑합니다, 이 생명 다 바쳐서

성행위!
성공과 행복을 위하여

싸우나!
사랑과 우정을 나누자

오징어!
오래도록 징그럽게 어울리자

얼씨구!
얼싸안고 씨뿌리자 구석구석

맛소금!
맛있는 하루, 소중한 하루, 금쪽같은 하루

12. 골프 유머

🌸 골프와 술의 공통점 🌸

1. 새벽 달을 자주 본다.

2. 멤버가 좋아야 맛이 난다.

3. 회사마다 전담 상무가 있다.

4. 성격 나오게 만든다.

5. 자주 빠지면 왕따 당한다.

6. 샷을 외쳐댄다 (원샷 / 굿샷)

7. 도수에 민감하다 (알코올 / 로프트)

8. 조절하기 어렵다 (주량 / 핸디)

9. 기간을 중시한다 (숙성기간 / 구력)

10. 와이프랑 함께 하면 후환이 없다.

❧ 골프 비매너 9위 ❧

1. 매일 끼워달라고 졸라서 한 번 끼워줬더니 하루 전날 전화해서 "나 못 가" 하는 놈

2. 늦지 말라고 며칠 전부터 닥달하더니 자기가 늦는 놈

3. 자기 차는 죽어라 안 가지고 가면서 집앞까지 꼭 데리러 오라는 놈

4. 자기 타수는 잘 못 세면서 다른 사람 스코어는 죽어라 따라다니며 세는 놈

5. 분명히 보기인데 파라고 우기는 놈

6. 누가 따고 잃었는지만 계산하는 놈

7. 핸디 받은 것까지 합해서 잃었다고 하는 놈

8. 동반자 퍼팅 라인 밟고 다니면서 캐디 보고 라인 잘못 본다고 투덜대는 놈

9. 공 찾으러 혼자 뛰어가더니 슬쩍 다른 공 놓고 "여기 있다!" 하면서 소리치는 놈

❖ 골프 칠 때 가장 얄미운 놈, 놈, 놈 ❖

1. 비거리 줄었다고 투덜대면서 제일 멀리 보내는 놈
2. 장타면서도 숏게임에 실수가 없는 놈
3. 공이 왔다 갔다 하면서도 파를 하는 놈
4. 돈 한푼 못 먹었다고 궁시렁거리다가 막판에 싹쓸이해가는 놈
5. 얼굴 시커멓게 그을었는데 공 친 지 오래라고 우기면서 80타 치는 놈
6. 매일 공 치는데도 회사 잘 돌아가는 놈
7. 새벽에 공 치러 나오면서 마누라한테 아침밥 얻어먹고 왔다고 자랑하는 놈

❖ 골프 사자성어 ❖

오비이락 烏飛二樂
한 명이 오비가 나면 적어도 두 명이 즐겁다.

사고무친 四高無親

드라이버, 2nd shot, 어프로치, 퍼터 네 가지를 다 잘 치면 친구가
없다

삼고초려 三高初慮
세 명의 고수와 함께 치면 초반부터 심려가 많다.

이구동성 二球同成
2nd shot을 잘 치면 성공한 것과 다름없다.

일취월장 一取越長
잘 취한 퍼터샷이 길게 친 드라이버 샷보다 낫다.

13. 야한 유머

✤ 경상도 여자와 전라도 남자의 결혼 ✤

경상도 여자와 전라도 남자가 결혼을 하여 신혼여행을 갔다. 첫날밤
이 되어 신랑은 욕실에서 깨끗이 몸을 씻은 후 홀딱 벗고 침대에 누웠
다. 그러자 경상도 신부가 애교를 떤다고 한마디 하였다.

　신부 : 존내 나네예~ (좋은 냄새 나네요~)

　신랑은 속으로 '그것을 그렇게 씻었는데도 냄새가 난당가?' 생각
하고 곧바로 욕실에 들어가서 한 번 더 씻고 나와 다시 신부 옆에 누웠
다. 신부가 다시 코에 힘을 주고 애교를 떨었다.

　신부 : 아까보다 더 존내 나네예~

　기분을 잡친 신랑은 아무것도 안 하고 잠만 잤다.

다음 날 아침 둘이서 썰렁하니 아침 식사를 하러 갔는데, 신랑이 아무 말도 안 하고 밥을 무지 잘 먹는다. 신부는 이때가 기회다 싶어 또 애교를 떨었다.

　　신부 : 씹도 안하고 잘 묵네예~(씹지도 않고)

　　신랑 : ……! (어~잉 돌·것·따·이)

❀ 남편을 흥분시키는 주문 ❀

서로 너무 사랑하던 두 남녀가 긴 열애 끝에 결혼에 성공했다.

둘은 신혼 내내 매일 밤을 뜨겁게 사랑했다.

하지만 시간이 지나면 지날수록 사랑을 나누는 횟수가 이틀에 한 번, 삼일에 한 번, 일주일에 한 번, 한 달에 한 번으로 줄어드는 것이었다.

아내는 걱정이 쌓여 용하다는 점쟁이를 찾아가 이 사실을 털어놓았다.

그러자 점쟁이가 종이를 내밀며 말했다.

"이게 약효가 딱이야! 절대 이 종이를 훔쳐보지 말고 남편에게 갖다

쥐. 남편이 이 주문을 다 외우면 그날부터 당신은 천상의 세계로 빠져들 거야."

아내는 얼른 그 종이를 받았다.
종이에 적혀 있는 주문이 뭔지 슬쩍이라도 훔쳐보고 싶었지만 혹시라도 효력이 떨어질까 두려운 마음에 조심스레 집으로 가져가 신랑에게 주었다.

그 종이를 본 신랑은 그날 밤부터 다시 신혼 때의 신랑이 되어 매일밤 뜨거운 잠자리를 나눴다.
남편은 잠자리에 들기 전에 꼭 그 주문을 외웠지만 아내는 그 주문을 들어선 안 되었다.

하지만 아내도 점점 궁금증을 견딜 수가 없었다.
어떻게 남편이 신혼 때로 돌아갔는지 너무 궁금했던 것이다.
참다 못한 아내가 그날 밤 남편의 주문 소리를 엿들었더니,
남편은 이렇게 외우고 있었다.

"이 여자는 내 마누라가 아니다. 이 여자는 내 마누라가 아니다."

✤ 미스테리 법정 ✤

함께 놀던 철수와 영이에게 문제가 생겼다.

영이가 그만 임신을 하게 된 것이다.

동네는 발칵 뒤집혔고, 결국 영이 엄마는 철수 엄마를 고소하게 되었다.

법정에 선 영이 엄마는 울먹이며 이렇게 말했다.

"판사님... 어떻게 이럴 수가 있나요... 이 어린 것을, 이 어린 것을 임신시켜 놓고 발뺌을 하다니요..."

그러자 철수 엄마가 벌떡 일어나더니 철수 바지를 휙 까내렸다.

철수의 자그마한 꼬추를 잡고 판사에게 이렇게 말했다.

"판사님, 말도 안 됩니다. 이 어린 것이.... 이 작은 것으로... 어떻게 임신을 시킬 수가 있단 말입니까?"

그러자 철수가 엄마 귀에 대고 조용히 말했다.

"엄마... 오래 잡고 있으면 우리가 불리해져요."

❋ 관계 전 남자 반응 ❋

20대 : 큰(?) 척한다.

30대 : 센(?) 척한다.

40대 : 기술이 좋은 척한다.

50대 : 아픈 척한다.

60대 : 자는 척한다.

70대 : 죽은 척한다.

❋ 관계 후 두 사람의 위치 ❋

20대 : 포개져(?) 잔다.

30대 : 마주보고 잔다.

40대 : 나란히 잔다.

50대 : 등돌리고 잔다.

60대 : 다른 방에 가서 잔다.

70대 : 어디에서 자는지 모른다.

❧ 우리 집에도 있는 것 ❧

한 중년 남자가 운전하다가 신호에 걸려 서 있는데 옆 차선에 나란히 서 있는 차 속의 여자가 그럴듯해 보였다.

혹시나 해서 차창을 내리고 여자에게도 창을 내려보라고 신호를 보냈다.

궁금하게 생각한 여자가 창을 내리자,

"저 앞에 가서 차나 한잔 할 수 있을까요?"

여자가 보니 별것 아니어서 아무 대답 없이 출발했다.
공교롭게 다음 신호등에서 또 나란히 멈추게 되었다.

이번에는 여자가 자기의 창을 내리고 남자에게 창을 내려보라는 신호를 보냈다.

궁금하게 생각한 남자가 창을 내리고 혹시나 기대하고 있는데, 여자가 소리쳤다.

"너 같은 건 집에도 있다!"

❋ 본받을 것 ❋

부부가 함께 가축 시장에 가게 되었다.
처음 황소를 보니 안내문에 "지난해 교미 50번"이라고 쓰여 있었다.
아내는 남편을 보고 말했다.
"일년에 50번을 했대요. 당신도 본받아요."

다음 황소를 보니 "지난해 65회 교미"라고 적혀 있었다.
"한 달에 다섯 번도 더 되네요. 당신도 새겨둬요."

마지막 황소에는 "지난해 365번 교미"라고 적혀 있었다.
여자는 입이 딱 벌어지며,
"어머, 하루에 한 번이네요. 당신은 정말 배워야 해요."

그러자 남편이 아내를 보고 말했다.

."어디 365일을 똑같은 암소랑 하는지 가서 물어봐요."

🌸 당신의 부인은 어떤 말을 합니까? 🌸

부부 싸움할 때 아내의 말을 들어보면 평소의 부부관계를 알 수 있다.

남편의 벌이가 좋고 정력도 좋은 경우...
그래, 잘났다! 너~! 정말 잘났다!

돈은 잘 벌지만 정력이 별로인 경우...
돈이면 다야? 다야?

정력은 좋지만 벌이가 시원찮은 경우...
니가! 짐승이지 사람이야!

돈도 못 벌고 정력도 별볼 일 없는 경우...
니~가! 나에게 해준 게 뭐~있냐?

❀ 왜 엉덩이를 두들기지? ❀

한 아버지가 아들을 데리고 소 시장에 갔다.
아들이 이곳저곳을 돌아다니며 흥미로운 듯 구경을 하다가 물었다.
"아빠, 저 사람은 왜 소를 어루만지고 엉덩이를 두들겨보는 거야?"

"살집도 좋고 건강한 소를 사려고 살펴보는 거란다."

며칠 뒤 아들이 헐레벌떡 아빠에게 달려와 말했다.
"아빠! 집에 빨리 가봐. 웬 남자가 누나를 사 가려고 해."

❀ 오늘밤 저랑 어때요? ❀

아내가 남편의 마음을 떠보려고 가발과 진한 화장, 새옷을 차려입고
남편의 회사 앞으로 찾아갔다.
퇴근시간, 남편이 걸어오자 아내는 그윽하고 섹시한 목소리로 남편
에게 다가가 말을 건넸다.

"저기요, 아저씨! 아저씨가 너무 멋져서 계속 따라왔어요. 저와 오늘 밤 어때요?"

아내가 갖은 애교와 사랑스러움을 품으며 말했다.
그러자 남편이 냉랭하게 대답했다.

"됐소! 댁은 내 마누라랑 너무 닮아서 할 마음이 안 나."

❀ 송이버섯 같은 거 ❀

젊은 부인이 의사를 찾아와 고민을 털어놨다.
"요즘 식욕이 왕성해졌는지 뭐든 다 먹고 싶어요. 아무거나 먹어도 괜찮을까요?"
"글쎄요, 어떤 음식들이 그렇게 먹고 싶은가요?"

"음... 예를 들어, 송이버섯 같은 거요."

의사는 깜짝 놀라며 말했다.

"그건 안 됩니다!"

부인은 어리둥절했다.
"왜요? 송이버섯이 몸에 좋다던데요."

의사가 말했다.
"아, 송이버섯이라면 괜찮지만, 송이버섯 같은 건 안 됩니다."

❀ 오르가즘의 종류 ❀

두 남자가 오르가즘에 대해 이야기를 나누고 있었다.
한 남자가 말했다.
"오르가즘을 보면 그 여자를 알 수 있어."
다른 남자가 흥미를 느끼며 물었다.
"그게 어떤데?"
"응, 여자는 긍정적인 여자와 부정적인 여자, 종교적인 여자와 거짓된 여자가 있지."

남자 : "오! 예! 오! 예!" 하는 여자는 긍정적인 여자이고,

"오! 노! 오! 노!" 하는 여자는 부정적인 여자니 조심해.

"오 마이 갓! 오 마이 갓!" 하는 여자는 종교적인 여자,

"오 여보! 오 여보!" 하는 여자는 거짓된 여자야.

14. 부부 유머

❋ 마누라를 안 깨우는 비결이 궁금해 ❋

경찰서에 한 남자가 찾아와 물었다.

"어제 우리 집에서 도둑 잡아가셨죠?"

"네, 왜요?"

"그 사람에게 뭐 하나만 물어봐주시겠어요?"

"??"

"우리 마누라를 안 깨우고 집에 들어간 비결이 궁금해서요. 저는 매번 실패하거든요."

❧ 신부는 라디오 ❧

신부가 말했다.

"자기야, 나를 라디오라고 생각해. 오른쪽 가슴은 볼륨, 왼쪽 가슴은 채널이야."

신랑 : 이 라디오 고장났나 봐.
신부 : 왜?
신랑 : 아무리 틀어도 안 나와.
신부 : 아잉, 코드를 꽂아야징~

❧ 하얀 드레스와 검은 양복의 의미 ❧

신부는 순결을 주장하기 위해서 하얀 드레스를 입는다.
신랑은 결혼이 인생의 무덤이라서 검은 양복을 입는다.

✤ 마누라가 말없이 외박을 하고 들어왔다 ✤

남편 : 어디 가서 자고 이제 들어오는 거야?

아내 : 응, 내 친구 옥희가 남편이 죽었다고 연락이 와서요.

남편이 아내의 친구에게 전화를 걸어 확인을 해보니 그녀의 남편은 멀쩡하게 살아 있었다.

남편 : 아니, 남편은 살아 있다는데? 무슨 소릴 하는 거야?

아내 : 아니, 친구 남편의 '거시기' 가 죽어서 살려달라고 부탁을 하기에, 살려주고 왔어요.

남편 : 뭐라고!

아내 : 여보, 너무 언짢게 생각 말아요. 당신 거시기도 죽으면 옥희가 와서 살려주기로 약속했으니까.

❖ 의견 일치 ❖

완벽한 의견 일치란?

열렬히 사랑해서 결혼했다가...
차갑게 식어서 이혼 합의하는 것!

❖ 못쓰는 물건 ❖

일요일 아침, 관리실에서 방송이 흘러나왔다.
"집에 못 쓰는 물건이 있으시면 재활용 쓰레기장으로 가지고 나와
주세요."

한참 뒤에 관리실 앞마당에는,
마누라 손에 의해 남편들이 죽 끌려나와 있었다.

✤ 귀가 시간 ✤

한 남자가 술집 바에 앉아 술을 마시고 있었다.
남자는 술을 마시며 주머니 안을 들여다보았다.
남자는 또 한잔을 시켜 마시고 또 주머니 안을 들여다보았다.

그렇게 계속 주머니를 들여다보며 술을 시키자 웨이터가 물었다.
"그 안에 무엇이 들었길래 그렇게 계속 들여다보는 거예요?"

남자가 대답했다.
"주머니 안에 마누라 사진이 있거든. 마누라가 예뻐 보이기 시작하면 집에 갈 때가 된 거야."

✤ 결혼한 이유 ✤

어느 신혼부부가 나란히 앉아 미스코리아 선발 대회를 보고 있었다.
갑자기 아내가 다정하게 남편의 팔짱을 끼며 물었다.
"자기는 내가 저 10번처럼 섹시해 보여서 나랑 결혼했어?"

"아니."

"그럼, 저 16번처럼 예뻐서 결혼한 거야?"

"그것도 아닌데….."

모두 아니라고 하자 아내는 씩씩거리며 물었다.

"그럼 당신은 나하고 왜 결혼했어?'

그러자 남편이 말했다.

"당신의 그런 유머감각 때문에 결혼했지."

❖ 결혼의 책임 ❖

아내가 남편에게 말했다.

"여보, 닭 한 마리를 잡아주세요. 내일 우리 은혼식에 멋진 요리를 준비할 테니."

그러자 남편이 시무룩하게 말했다.

"우리들 사이에 일어난 25년 전의 일에 대해 우리 닭에게 무슨 책임이라도 있다는 거야?"

❀ 관계자 ❀

임신한 아내가 갑자기 진통을 하며 아이를 낳으려 하자 남편은 급하게 병원으로 데려갔다.
분만실로 옮겨지는 아내를 따라가려는 남편을 간호사가 와서 제지하였다.
"이곳은 관계자 외에는 들어가지 못합니다."

그러자 남편이 말했다.

"내가 그 관계자요."

❀ 부침개 ❀

아버지가 운명하려 하고 있었다.

온 집안 식구들이 그 옆에서 울고 있는데 어머니는 주방에서 부침개를 부쳤다.

그 냄새를 맡은 아버지가 말했다.

"딸아, 네 엄마에게 가서 마지막으로 부침개를 하나 먹고 죽고 싶다고 전해라."

딸이 어머니에게 와서 그대로 전하자 어머니가 말했다.

"안 된다고 전해라. 네 아버지 장례식에 오실 손님 대접할 것이라고 해라."

✿ 내가 다 알아, 아빠 ✿

어느 날 부부관계를 마치고 팬티도 입지 않은 채 잠이 든 아빠.
유치원 다니는 아들이 이불 속으로 파고 들어왔다.
아빠가 팬티를 입고 있지 않다는 걸 알아챈 아들이 말했다.
"아빠, 팬티 안 입었지? 나 다 알아. 엄마가 벗겼지?"

아빠는 당황하여
"아니, 요 녀석이! 네가 뭘 안다 그래?"

그러자 아들이 씩 웃으며 말했다.
"아빠, 변명하지 않아도 돼. 내가 다 알아, 아빠."

아빠는 난처해서 아무 말도 할 수 없었다.
그러자 아들이 아빠 귀에 대고 속삭였다.

"아빠도 오줌 쌌지?"

☀ 충청도 부부 ☀

충청도 부부가 저녁식사를 마치고 마주 앉았다.

남편 : 잘껴?
아내 : 할껴?

한참 후,

남편 : 좋은겨?
아내 : 한겨?

❖ 남자가 두려움을 느낄때 (연령별로) ❖

30대......우편 배달부가 오면 두렵다.
여기저기에사 막 그은 카드,
청구서가 날아 올까봐.
40대..... 저녁에 아내가 야한 속옷 입고 서성이면 두렵다
아무래도 오늘밤엔 그냥 넘어가지 못하겠는데.......
50대.....아내가 곰국을 끓이면 두렵다.
한솥 가득 끓여놓고 4박5일 여행갈려고 저러지....
60대.....이사 가는날이 두렵다.
혹시나 날 떼어놓고 갈가봐, 트럭 조수석에
앉아서 절대로 안내려온다.
70대.....부인이 등산 가자고 하면 두렵다.
깊은 산골짜기에 날 떼어놓고 올려고 저러지...

15. 넌센스 유머

❋ 넌센스 퀴즈 ❋

절벽에서 떨어지다가 나무에 걸려 살아난 사람? **덜떨어진 사람**

만 원짜리와 천 원짜리가 떨어져 있으면 무엇을 먼저 주울까? **둘 다**

인삼은 6년근일 때 캐는 것이 가장 좋다. 산삼은 언제 캐는 게 좋을

까? **발견했을 때**

엿장수는 하루에 몇 번 가위질을 할까? **엿장수 맘대로**

'사랑은 이제 그만' 을 한 글자로 줄이면? **빼!**

양심 있는 사람이나 양심 없는 사람이나 모두 시키면 것은? **그림자**

여자는 무드에 약하다, 남자는 무엇에 약할까? **누드**

타이타닉 호의 구명보트엔 몇 명이 탈 수 있었을까? **9명(구명보트**

니까)

양귀비의 집 주소는? 예쁘기도 하군 만져보면 좋으리

개미의 집 주소는? 허리도 가늘군 만지면 부러지리

고기 먹고 난 후 따라오는 개는? 이쑤시개

사람의 몸무게가 가장 많이 나갈 때는 언제? 철들 때

붉은 길에 동전이 떨어져 있다. 이 동전의 이름은? 홍길동전

사람이 일생 동안 가장 많이 내는 소리는? 숨소리

진짜 문제투성이인 것은? 시험지

똥의 성은? 응가

'자식이 아홉이다' 를 세 자로 줄이면? 아이구

누룽지를 영어로 하면? 바비브라운

이상한 사람들이 모이는 곳은? 치과

스튜어디스를 우리 말로 하면? 비행소녀

남녀평등이란? 남자나 여자 등은 평평하다

도둑이 제일 좋아하는 아이스크림은? 보석바

도둑이 제일 싫어하는 아이스크림은? 누가바

소가 가장 무서워하는 말은? 소피 보러 갔다올게

미남을 다른 말로 하면? 쌀집 남자

유부남이란? 유사시에 부를 수 있는 남자

미소의 반대말은? **당기소**

된장을 잠그다 잘못하여 떨어뜨리면 뭐가 될까? **젠장**

오락실을 지키는 수호신 용 두 마리는? **일인용, 이인용**

노인들이 제일 좋아하는 폭포는? **나이아 가라**

❖ 참새의 착각 ❖

참새 한 마리가 달려오던 오토바이에 부딪혀 기절하고 말았다.

지나가던 행인이 참새를 집으로 데려와 치료하고 모이와 함께 새장에 넣었다.

한참 뒤에 정신을 차린 참새가 생각했다.

'젠장, 내가 오토바이 운전사를 치어 죽인 모양이군. 철창 신세가 됐으니 어떡하나...'

❖ 누가 이기지? ❖

한 아이가 선생님께 물었다.

"선생님, 태권도 9단과 유도 9단이 싸우면 누가 이겨요?"
선생님이 대답했다.
"센 놈이 이기지 않을까?"

❀ 엄마 오시라고 해! ❀

사오정한테 화가 난 선생님이 말했다.
"사오정, 엄마 오시라고 해!"
사오정이 잘 듣지 못하자 선생님이 큰 소리로 다시 말했다
"엄마 오시라고 하라니까!"
사오정이 그제야 대답했다.
"엄마 옷!"

❀ 골라 먹는 재미 ❀

사오정이 베스킨라빈스에 가서 콜라를 주문했다.
"죄송합니다, 손님. 저희는 콜라 메뉴가 없습니다."

그러자 사오정이 고개를 갸웃거렸다.

"이상하다... 콜라 먹는 재미가 있다고 했는데..."

16. 비즈니스 유머

✤ 공짜로 닦아드립니다 ✤

경기가 나빠 구둣방의 매출이 떨어지자 구두닦이는 한 가지 반짝이는 아이디어를 내었다.

구두닦이는 가게 앞에 커다란 종이를 붙였다.

'구두 한 짝 공짜로 닦아드립니다.'

한 남자가 들어와 구두를 닦아달라고 말했다.

구두닦이는 웃으면서 말했다.

"나머지 한 짝은 3000원입니다."

❈ 일등 세일즈맨의 비결 ❈

신참 : 과장님, 어떻게 해야 일등 세일즈맨이 될 수 있는 거죠?

일등 세일즈맨 : 별다른 비결은 없네. 그냥 남의 집 초인종을 누르고 안에서 아줌마가 나오면, "아가씨, 엄마 집에 계세요?" 하고 물은 것밖에….

❈ 확실한 투자 ❈

신문을 보던 남편이 투덜거렸다.

"이놈의 주식 또 떨어졌잖아. 괜히 투자를 해가지고는..."

그러자 옆에 있던 부인도 투덜거렸다.

"나도 속상해요. 다이어트를 했는데 아무 효과가 없어요."

남편이 신문을 덮더니 아내를 쳐다보고 한숨을 쉬었다.

"내가 투자한 것 중에 두 배로 불은 건 당신밖에 없어."

❦ 돈의 힘 ❦

친구 : 사람들이 너와 영희의 약혼이 깨졌다고 하던데, 웬일이야?

철수 : 영희가 나하고는 결혼 못 하겠대

친구 : 너네 삼촌이 엄청난 부자라는 얘기를 해주지 그랬어?

철수 : 물론 얘기했지. 그래서 알게 됐는데, 그녀는 돈밖에 모르더라.

친구 : 그게 무슨 소리야?

철수 : 이제 영희가 내 숙모가 됐어.

❦ 찾아봅시다! ❦

해마다 신기록을 세우며 연매출 성장률을 갱신하는 회사.

그런데 어느 날 비상이 걸렸다.

원자재 값이 폭등한 데다 이런저런 이유로 제조 원가가 계속 상승하여 대책회의를 열기로 했다.

사장을 비롯한 모두가 무겁게 긴장된 표정으로 회의실에 모였다.

회의 주재자인 이사가 말문을 열었다.

"자, 모두들 자신의 의자 밑을 내려다보세요."

모두 눈이 휘둥그레져서 일제히 일어나 의자 밑 바닥을 들여다보았다. 거기에는 하얀 종이에 '원가 절감'이라고 쓰여 있었다.

이사가 말을 이었다.

"자, 이제 자리에 앉으시지요. 바로 그것이 오늘의 회의 주제입니다. 이미 내릴 만큼 내렸다고 생각하겠지만, 다시 한 번 의자 밑바닥처럼 꼭꼭 숨겨진 곳을 찾아내봅시다. 분명히 원가를 절감할 수 있는 방법을 찾을 수 있을 것입니다. 자, 그럼 이제부터 보물찾기하듯 그것을 잔뜩 찾아내볼까요?"

그러자 어두운 분위기는 사라지고 여기저기서 원가절감 아이디어가 쏟아져나왔다.

❁ 지점 오픈 ❁

어느 거지가 깡통 두 개를 놓고 구걸을 하고 있었다.

지나가던 남자가 그것을 보고 한쪽 깡통에 동전을 넣으며 물어보왔다.

"다른 한 깡통은 뭐요?"

그러자 거지가 뿌듯하게 웃으며 말했다.

"요즘 사업이 짭짤해서 지점을 하나 차렸지요."

❖ 보험회사들의 경쟁 ❖

네 보험회사가 경쟁 중이었다.

한 보험회사가 다음과 같은 표어를 붙였다.

"요람에서 무덤까지 보증"

두 번째 회사는 그보다 더한 표어를 사용했다.

"자궁에서 무덤까지 보증"

세 번째 회사는 더 강한 표어를 사용했다.

"정자에서 벌레가 될 때까지"

네 번째 회사는 생각에 생각을 거듭하다 거의 포기할 지경에 다음의
표어를 내걸었다.

　"발기에서 부활까지"

17. 여성 유머

❧ 어느 여대생의 일기 ❧

난 오늘도 생면부지의 남자와 잠자리를 같이했다.

대체 이번이 몇 번째인가?

이젠 세는 것마저 별 의미가 없을 지경이다.

오늘도 역시 잠에서 깨어보니 허리는 쑤시고 골반이 땡긴다.

피곤하기도 하고, 미치겠다.

자세가 좋지 않았었나 보다.

이제 후회해도 소용없고 몸이 영 말을 듣지 않는다.

내가 언제 잠들었는지 기억도 안 난다.

그리고 여전히 오늘도 다른 낯선 남자가 옆에서 쿨쿨 자고 있다.
흠, 자세히 보니 다행히 잘생겼다. 아, 이게 문제가 아니다.
어제는 생전 처음 보는 아버지뻘 되는 남자였다.
남자가 매번 다르다.

정신을 차려야겠다고, 인간이 되자고 그렇게 내 자신에게 다짐했건
만 뜻대로 되지 않는다.
나 자신이 정말 싫다.
아, 난 정말 구제할 수 없는 인간이란 말인가?

이젠, 전철에서 그만 자야겠다.

❋ 요즘 아줌마의 이상형 ❋

여자 일에 11이 간섭하지 않는 남자
해주는 음식에 22가 없는 남자
몸매가 33한 남자
여자가 내리는 결정에 44건건 참견하지 않는 남자

밤에는 55! 하는 소리가 절로 나게 하는 남자

때로는 과감하게 66, 69도 할 줄 아는 남자

성격과 외모가 77맞지 않은 남자

정력이 88한 남자

99한 변명 없이 솔직한 남자

경제력 00한 남자

❖ 남편을 구합니다! ❖

한 돈 많은 노처녀가 신문에 광고를 냈다.

"남편을 구합니다."

그러자 수백 통의 전화가 걸려왔다.

"내 남편을 가져가세요."

❧ 치한 퇴치법 ❧

어느 여고 성교육 시간에 선생님이 치한에 대처하는 방법을 가르치고 있었다.

선생님 : 길을 가다 치한을 만나거든 먼저 섹시한 눈으로 치한을 한 번 쳐다보렴.
여학생들 : 꺅~ 선생님, 무슨 소리예요?
선생님 : 그런 다음 치마를 쓱 걷어올려.
여학생들 : 어머, 선생님!
선생님 : 그런 다음 치한에게 바지를 무릎까지 내리라고 해.
여학생들 : 꺅꺅!
선생님 : 그러고는 뒤도 돌아보지 말고 열나게 뛰어! 그럼 그 새끼 절대 못 쫓아와.

❧ 이태원 쇼핑 ❧

한 여자가 이태원에 쇼핑을 하러 갔다.

가게에 들어가 마음에 드는 옷을 고른 후 가게 주인에게 말했다.
"아저씨, 저 분당에서 왔는데, 차비 정도는 빼주실 거죠?"

그러자 주인이 대답했다.
"아가씨, 여긴 미국에서 온 사람들도 많다우."

❖ 양파 써는 법 ❖

여자 친구들이 모여 수다를 떨고 있는데 한 친구가 말했다.
"나는 양파를 눈물 나지 않게 써는 방법을 알아냈어."

친구들이 모두 관심을 보이며 물었다.
"그게, 뭔데? 뭔데?"

"남편을 시키면 돼."

18. 남성 유머

❋ 남성들이여 행복한 가정을 위한 10계명을 따라합시다 ❋

1. 아내에 관련된 기념일은 무조건 일주일 전부터 기억한다.
2. 아랫목은 아내의 지정석이다.
3. 장인, 장모님은 나의 부모님이다.
4. 아내가 우울하면 곧 코미디언으로 변신한다.
5. 1식 1찬이라도 아내가 주면 수라상이다.
6. 아내가 하사하는 용돈은 액수에 관계없이 고맙게 받는다.
7. 아내가 지급하는 옷은 파리, 이태리 패션쇼에서 나온 옷이다.
8. 아내가 아프면 휴가계를 내고 병간호에 전념한다.
9. 아내의 잔소리는 천사가 속삭이는 아름다운 충고다.
10. 집안의 대소사는 아내가 주관하게 하라.

❖ 섹스는 노동? ❖

섹스가 노동인지 놀이인지 확신이 서지 않았던 한 남자가 가톨릭 신부에게 의견을 물었다.
"섹스는 노동입니까, 놀이입니까?"

신부는 성경을 뒤져보더니 말했다.
"섹스는 노동이므로 안식일에는 삼가야 합니다."

남자는 생각했다.
'신부가 어디 섹스가 뭔지 알기나 하겠어?'

그래서 남자는 결혼한 목사를 찾아가 답을 구했지만 역시나 같은 대답이었다.

그 답이 마음에 들지 않았던 남자는 이번에는 유대교 율법 박사인 랍비를 찾아갔다.
"섹스는 노동인가요, 놀이인가요?"

"섹스는 확실히 놀이입니다."

랍비의 대답에 남자는 놀랐다.

"사람들이 모두 섹스는 노동이라고 하는데, 어째서 선생님은 놀이라고 장담하시는 겁니까?"

"그게 노동이라면 우리 집사람이 가정부더러 그걸 하라고 할 거 아닙니까."

✤ 남자의 술, 도박, 골프 ✤

꾀죄죄한 부랑자가 한 남자에게 다가가 만 원만 달라고 구걸하였다.

남자는 만 원짜리 지폐를 꺼내 들고 부랑자에게 물었다.

"내가 이 돈을 주면 이것으로 술을 사 마시겠지요?"

부랑자가 대답했다.

"아뇨, 술은 오래전에 끊었습니다."

"그럼 이 돈으로 도박을 하겠지요?"

"아뇨, 난 도박은 안 해요. 먹고 살기도 힘든 판국인데..."

"그럼 이 돈으로 골프를 치겠소?"

"개풀 뜯어먹는 소리 하고 있네. 골프 쳐본 지 10년도 더 됐소."

그러자 남자가 제안했다.

"그럼 우리 집에 가서 근사한 저녁을 먹읍시다."

부랑자가 깜짝 놀라 물었다.

"아니, 제가 어떻게 감히... 부인이 무척 화를 내지 않을까요?"

그러자 남자가 말했다.

"문제없소. 난 마누라에게 남자가 술과 도박, 골프를 끊으면 어떤 꼴이 되는지 똑똑히 보여줄 생각이오."

❁ 여자는 백만장자를 좋아해 ❁

서머셋 모옴이 무명작가였을 시절, 〈달과 6펜스〉를 출판했으나 거의 팔리지 않았다.

출판사는 광고를 포기하고 무명작가인 서머셋 모옴에게 말했다.

"당신이 직접 광고를 하든지 알아서 하시오."

서머셋 모음은 오랜 고민 끝에 신문에 광고를 내었다.
"배우자를 찾습니다. 나는 스포츠와 음악을 좋아합니다. 그리고 성격 좋은 백만장자입니다. 내가 찾는 이상형의 배우자는 서머셋 모음의 〈달과 6펜스〉에 나오는 여주인공과 같은 여성입니다. 이 광고를 보고 본인이라고 생각하시는 분은 아래 연락처로 연락주시기 바랍니다."

곧 〈달과 6펜스〉는 베스트셀러가 되었다.

❋ 많이 올라간 사위 ❋

장모가 집에만 오면 사위에게 물었다.
"자네 이번에는 진급했는가?"
사위는 이 말만 들으면 주눅이 들었다.
장모가 제발 안 오셨으면 좋겠는데 자꾸 집에 오는 것이었다.
어느 날 장모가 또 와서 물었다.

"자네 이번에도 자네가 제일 끝이지? 밑에 사람이 있기는 하고?"

사위가 대답했다.
"그럼요, 장모님. 제 밑에 2,500명이나 있는걸요."

장모는 매우 기뻐하며 외쳤다.
"아니, 자네 어느새 그렇게 올라간 거야?"

"사무실이 15층으로 이사했거든요."

❀ 여자 친구와 헤어진 후 열 받을 때 ❀

1. 패밀리 요금으로 여자친구에게 신청해준 휴대전화의 요금 청구서가 날아왔을 때
2. 그새 손가락이 부었는지 커플링이 빠지지 않을 때
3. 헤어지고 난 직후에 발렌타인데이와 내 생일이 올 때
4. 휴대전화기에 붙여둔 여자친구의 사진이 질기게 안 떨어질 때
5. 옛날에는 하루도 못 가던 휴대폰 배터리가 3일이 넘었는데도 그

대로일 때

6. 여자친구에게 선물받은 옷을 버릴까 하다가 그냥 입고 나갔는데 여자친구와 딱 마주칠 때

7. 여자친구에게 선물로 사준 옷의 카드대금이 아직 남았을 때

8. 아직 못 돌려받은 내 사진을 달라고 했더니 "불 질렀어" 할 때

❦ 불쌍한 아빠 ❦

어느 날 한 가족이 모여 가족회의를 했다.
아빠가 가계부를 보여주며 말했다.

"이번 달에도 지출 초과야. 모두들 반성하고 어떻게 해야 되겠는지 의견을 말해봐!"

그러자 가족들은 방으로 들어가 심각하게 고민하였다.
그리고 잠시 후 다시 나와 말했다.

"아빠 수입이 너무 적어요. 다음 달부터는 좀 더 벌어 오세요."

❧ 두 번의 결혼 실패 ❧

두 남자가 오랜만에 앉아 술을 마시고 있었다.

한 친구가 우울한 목소리로 말했다.

"나는 결혼을 두 번 했는데, 두 번 다 실패했어."

다른 친구가 위로하며 말했다.

"저런, 어떻게 됐기에..."

"첫 번째 결혼에서는 아내가 도망가버렸지."

"그래, 두 번째도 도망갔나?"

"아니, 두 번째는 영 도망가지를 않아!"

❧ 결혼이란 ❧

아들이 아빠에게 물었다.

아들 : 아빠, 결혼하는 데는 돈이 얼마나 들어요?

아빠 : 글쎄, 나도 모르겠구나. 아직도 계속 지불하고 있어서...

아들 : 아빠, 아프리카에는 자기 부인이 누군지도 모르고 결혼하는 곳도 있대요. 어떻게 그럴 수 있죠?

아빠 : 글쎄, 아들아... 자기 부인이 어떤 사람인지 모른 채 결혼하는 건 어디에서나 다 마찬가지란다.

19. CEO 유머

❉ 어느 귀금속 사장 ❉

어느 금은방의 사장이 신문에 구인광고를 냈다.
얼마 후 금은방의 사장이 신문사에 전화를 걸었다.

사장 : 당신네 신문은 확실히 대단한 광고효과가 있더군요.
광고부장 : 물론이죠. 매출이 얼마나 느셨는데요?

사장 : 그랬으면 좋게? 신문에 경비를 구한다고 광고를 냈더니 도둑이 다 털어갔잖아!

❋ 여비서 채용 조건 ❋

한 사장이 여비서 채용 시험에서 3명의 후보자를 골랐다.

최종 면접 시험에서 첫 번째 후보자가 말했다.
"저는 1분 동안 60단어를 타이핑할 수 있으며 항상 출근 시간을 지킵니다."

두 번째 후보자가 말했다.
"저는 1분 동안에 100단어를 속기하며 잔꾀를 부리는 일이 절대로 없습니다."

그러자 세 번째 후보자가 말했다.
"저는 먼 발자국 소리만 들어도 사모님을 정확히 알아낼 수 있습니다."

사장은 주저 없이 세 번째 후보자를 비서로 채용했다.

❧ 소박한 광고 ❧

어떤 골목에 식당이 3개 있었다.

세 식당은 경쟁이 치열했다.

한 식당이 커다란 플랭카드를 걸었다.

'한국에서 제일 맛있는 집!'

그러자 건넛집의 식당은 이에 질세라 더 커다란 플랭카드를 걸었다.

'세계에서 가장 맛있는 집!'

그리고 세 번째 식당은 조그맣게 종이를 오려 가게 앞에 붙였는데,
손님들이 다 그리로 몰려가는 것이었다.

'이 골목에서 제일 맛있는 집.'

❧ 농담은 자네가 먼저 했지 ❧

어느 사장이 직원 채용 면접을 하고 있었다.

한 젊은이에게 질문을 던졌다.

"받고 싶은 초봉이 얼마인가?"

젊은이가 자신만만하게 대답했다.

"회사의 복리후생에 따라 달라지겠지만, 대략 8천만원 정도 생각하고 있습니다."

사장이 말했다.

"복리후생도 물론 중요하지. 휴가는 5주, 14일이나 되는 국경일에도 급료를 지불하고, 의료비는 물론 치과 진료비도 전액 지원해준다네. 퇴직금은 봉급의 50프로, 그리고 2년에 한 번씩 회사 차를 바꿔서 제공하지. 원한다면 스포츠카도 가능하다네."

젊은이는 깜짝 놀라 되물었다.

"와우! 농담이시죠?"

"물론 농담이지. 그런데 농담은 자네가 먼저 하지 않았나?"

❧ 친절한 부자 ❧

한 부자가 리무진을 타고 가다가 길가에서 어떤 사람이 풀을 먹고 있는 것을 보았다.

그는 운전사에게 차를 멈추라고 한 다음 그에게 다가갔다.

"왜 풀을 먹는 건가?"

가난한 남자가 말했다.

"음식을 살 돈이 없어서요."

부자는 불쌍하다는 듯한 표정으로 말했다.

"이런, 그럼 우리 집으로 오게나."

"그렇지만 저는 아내와 아이도 넷이나 있는데..."

부자가 말했다.

"다 데리고 오게나."

가난한 남자는 고마워서 눈물이 날 것 같았다.

"정말 친절하시군요. 저희를 거둬주셔서 고맙습니다."

그러자 부자가 말했다.

"우리 집 마당에도 풀이 많다네."

❈ 솔직한 CEO ❈

세계 최고의 하드디스크 기업 '시게이트'의 CEO 빌 왓킨슨이 말했다.

"솔직해집시다. 우리는 세상을 바꾸는 것이 아닙니다. 우리는 단지 소비자들이 쓸데기 없는 소프트웨어를 더 많이 사고, 야동을 더 많이 볼 수 있도록 도와주는 물건을 만드는 것뿐입니다."

❋ 어느 CEO의 착각 ❋

어느 날 저녁 늦게 한 젊은 임원이 사무실을 나서다 CEO가 파쇄기 앞에 문서 한 장을 들고 서 있는 것을 발견했다.

"이보게."

CEO가 말했다.

"여기 이 문서가 아주 민감하고 중요한 건데 내 비서가 퇴근했지 뭔가. 자네 이 기계 좀 작동시킬 수 있나?"

"물론입니다."

젊은 임원은 대답하고 파쇄기 전원을 켠 뒤, 문서를 넣고 시작 버튼을 눌렀다.

"훌륭해, 훌륭해!"

CEO는 파쇄기 속으로 문서가 사라지자 이렇게 말했다.

"한 장만 복사해주면 되네..."

❋ 세상을 바라보는 관점을 변화시킨 다섯 명의 유대인 어록 ❋

모세: 율법이 최고야.

예수: 사랑이 최고야.

마르크스: 자본이 최고야.

프로이트: 섹스가 최고야.

그리고 그 후에 나타난 아인슈타인:

모든 것은 상대적이야!

❀ 내 전화가 아닌데요 ❀

어떤 사장이 새로 고용한 비서 때문에 골머리를 앓고 있었다.

그 비서는 근무한 지 일주일이 지나자 전화조차 받을 생각을 안 했다.

사장이 화가 나서 소리쳤다.

"이제부터라도 전화 좀 제대로 받아요."

그러자 비서는 당당하게 말했다.

"제가 받아도 전부 사장님 찾는 전화일 텐데요, 뭐."

❀ 진달래와 택시 ❀

회사에서 회식이 있던 날, 술잔을 들고 건배를 할 때

사장은 여비서를 쳐다보며 "진달래" 하고

외친후 술잔을 마셨다.

건배를 할때마다 "진달래"라고 해서

여비서가 귀에대고 물었다.

"사장님, 진달래"가 무슨 뜻이에요?'

"응 그건 미스김한테, 진하게 한번 달라면 줄래?

이런 뜻이야"

그 다음 건배를 할때 미쓰김은 "택씨" 하고 외친후

술을 마셨다.

사장이 궁금해서 택씨가 무슨 뜻이냐고 물었더니'

미쓰김이 하는 말,

"예, 사장님, 택씨는요- 택도 없다 씨발놈아!

이런 뜻이에요" 호호

20. 정치 유머

🌿 정치인들에게 지하철이란? 🌿

국회의사당 역은 있지만 국회의원들은 안 타는 것

🌿 야한 YS 🌿

어느 날 YS가 국무회의에서 관광산업에 대한 보고를 받고 이렇게 말했다.

"갱제가 자꾸만 침체되어가는디, 우리가 강간(관광)산업을 육성해야겠어."

그러자 옆에 있던 외무장관이 참지 못하고 나섰다.

"각하, 강간산업이 아니라 관광산업입니다."

그러자 화가 나 YS가 톡 쏘아 말했다.

"자넨 애무(외무)나 잘해!"

✤ 정자와 정치인의 공통점은? ✤

둘 다 인간이 될 가능성이 아주 희박하다.

✤ 난자와 정치인의 공통점은? ✤

한번 잡아보겠다며 개미떼같이 그 주변으로 몰려든다.

✤ 뇌물과 떡값 ✤

한 초등학교에서 수족관으로 견학을 갔다.

커다란 수족관 안에서 스킨스쿠버가 조그만 송사리에게 먹이를 뿌려주자 한 아이가 외쳤다.

"와, 뇌물 먹는다, 뇌물!"

잠시 후 커다란 다랑어에게 먹이를 나눠주자 아이가 또 외쳤다.

"떡값 먹는다, 떡값!"

이상하게 생각한 선생님이 물었다.

"그게 도대체 무슨 소리니?"

그러자 아이가 대답했다.

"우리 아빠 말씀이, 송사리가 먹는 건 뇌물이고 큰 놈이 먹는 건 떡값이라고 했거든요."

❀ 정치인과 개의 공통점은? ❀

1. 한번 미치면 약도 없다.
2. 제철에는 돈 주고도 못 산다.

3. 절대 자기 먹을 것은 남한테 안 빼앗긴다.

4. 앞뒤 안 가리고 마구 덤비다가 힘이 달리면 꼬랑지 내리고 슬며시 사라진다.

5. 매도 그때뿐, 곧 옛날 버릇 못 버리고 설친다.

6. 족보가 있지만 믿을 수 없다.

7. 자기 밥그릇만 챙긴다. 남과 나눠 먹을 줄을 전혀 모른다.

8. 순종보다는 잡종이 많다.

9. 어떻게 말해도 다 개소리다.

10. 밥만 주면 아무나 주인이다.

21. 회사 유머

❀ 잃고 살 것인가? 얻고 살 것인가? ❀

뇌물은 용기를 잃고, 거짓과 속임은 신의를 잃고,
멸시와 천대는 이웃을 잃고, 게으름과 태만은 살 곳을 잃고,
음란과 방탕은 가정을 잃고, 두 말과 변명은 자기를 잃고,
사리와 사욕은 정의를 잃고, 분노와 분쟁은 자비심을 잃고,
오만과 교만은 의로운 스승을 잃고, 허영과 허욕은 진실을 잃고,
원망과 불평은 기쁨을 잃고, 간사와 차첨은 진심을 잃고.

용서는 평안을 얻고, 인내는 지혜를 얻고, 신의는 이웃을 얻고,
용기는 능력을 얻고, 사랑은 기쁨을 얻고, 자비는 천상천하를 얻고,
정의는 만인을 얻고, 겸손은 의로운 스승을 얻고, 성실은 설 곳을

얻고,

　견성은 자유를 얻고, 행은 열매를 얻고, 청정은 용기를 얻고.

　나는 어떻게 살 것인가?
　잃고 살 것인가? 얻고 살 것인가?

❀ 엽기 이력서 ❀

참치회사 지원자

　오리발과 물안경만 주십시오. 태평양에서 참치를 몰고 오겠습니다.
만약 상어에게 봉변을 당할 경우 보험금은 일체 없는 걸로 하겠습니다.

타이어회사 지원자

　모든 타이어는 본인의 이름으로 불어넣겠습니다.

자동차회사 지원자

　자동차 충돌 실험을 할 때 본인이 직접 탑승한 후 보고서를 제출하
겠습니다. 구급차는 필요 없습니다. 실험 후 본인이 직접 걸어서 병원

까지 가겠습니다.

통신회사 지원자

독도 기지국 건설할 때 송신탑을 들고 있겠습니다.
부식은 절대 사양합니다. 갈매기로 대체하겠습니다.

❀ 감옥과 직장의 차이점 ❀

감옥 : 좋은 행동을 보이면 휴식시간을 얻는다.
직장 : 좋은 행동을 보이면 더 많은 일이 주어진다.

감옥 : 일을 하지 않아도 모든 비용은 납세자가 지불한다.
직장 : 일하러 가는 데 드는 비용을 본인이 직접 지불해야 하며, 급여에서 죄수들을 먹여 살리기 위한 세금까지 공제된다.

감옥 : 유머를 읽을 수 있는 시간이 무제한으로 주어진다.
직장 : 걸리면 해고다.

✤ 난 너무 힘들다고요 ✤

하루는 이 대리가 부장에게 하루 쉬겠다는 휴가원을 냈다.
그러자 부장이 말했다.

부장 : 이 대리, 1년은 365일이지? 하루는 24시간이고, 그 중 자네 근무시간은 8시간이지?

하루의 3분의 1을 근무하니까.

그럼 결국 1년에 자네가 일하는 날은 122일밖에 안 된다는 얘기야.

그 중에서 52일의 일요일이 있고, 반만 일하는 토요일을 26일로 치면 겨우 44일 남아.

그걸 자네가 다 일하나?

밥 먹는 시간에 화장실 출입하는 시간에 담배 피는 시간까지 합치면 하루에 최소 3시간은 빠진다구.

그걸 다 빼면 자네가 일하는 시간은 27일이라는 소리지.

게다가 자네 여름휴가는 열흘이지?

그럼 17일이 남는군.

그중에서 신정, 구정, 식목일, 근로자의 날, 어린이 날, 석가탄신일, 현충일, 제헌절, 광복절, 추석, 크리스마스, 그리고 회사 창립 기념일까지 휴일이 16일이야.

결국 자네가 제대로 일하는 날은 1년에 딱 하루라 이거야.

그런데 그 하루를 휴가원을 내면, 아예 놀고 먹겠다는 건가?

자네도 입이 있으면 대답 좀 해보게.

그러자 이 대리가 억울한 표정으로 말했다.

이 대리 : 부장님, 전 너무 피곤해요. 왜 그런지 아세요?

우리나라 4천5백만 인구 중에 2천5백만은 노인이나 실업자 아니면 퇴직자들이죠.

그럼 남은 인원은 2천만 명이 됩니다.

그 중에서 1천 6백만은 학생이거나 어린이들이죠.

그럼 4백만이 남습니다.

현재 백만 명이 국방을 위해 군대에 있거나 방위근무 중이고,

백만명은 국가공무원입니다.

그럼 2백만이 남는 거죠?

180만 명이 정치를 하거나 지자체 공무원들이니 남는 건 20만 명,

그중에 18만8천 명이 병원에 누워 있으니 겨우 12,000명이 남죠.

그리고 11,998명이 감옥에 가 있으니 결국 두 명이 남아서 일을 하

고 있다는 얘깁니다.

바로 부장님과 저!

그런데 부장님은 매일 제가 올린 보고서에 결재만 하고 있으니,

실제로 일하는 사람은 대한민국에서 오직 저 한 사람뿐이라구요.

❄ 회사가 원하는 인재 ❄

1. 진취적으로 도전하는 인재

　(사장 생각 : 귀찮게 안 굴고 알아서 일하는 놈)

2. 창의적으로 혁신하는 인재

　(사장 생각 : 그러다 가끔 대박 터뜨려서 돈다발 안겨줄 놈)

3. 열린 마음으로 소통하는 인재

　(사장 생각 : 그러면서도 노조에 가입 안 하는 놈)

22. 100 감사 쓰기

세상을 긍정적으로 바라보는 것이 웃음의 시작이다. 내 주위에 대해 감사하는 것 100가지를 찾아보자. 감사하는 마음이 나와 주위 사람들을 행복하게 만들어 줄 것이다. 행복해지기 위해 100감사를 부모님, 가족, 동료, 회사에 써보자.

순번	내 용
1	1962. 04. 11. 18시경에 한 생명의 탄생을 알리는 우렁찬 목소리가 들리니~ 부모님께서 만들어주신 소중한 오경택 탄생! 감사합니다.
2	엄격하고 인자하신 아버지, 포근하고 다정한 어머니의 가르침 속에서 어린 시절 건강하게 자라게 하신 것 감사합니다.
3	집은 가난하였지만, 비굴함보다는 당당함으로, 미움보다는 사랑과 배려로 키워주심을 감사합니다.
4	항상 친구를 소중하게 여기고 지혜롭게 살라는 부모님 말씀이 지금도 가슴속에 새겨 있음을 감사합니다.
5	바른생활, 도덕, 국어책 등 김칫국물이 물들어서 매일같이 냄새가 나지만, 보리밥에 배추김치 먹고 자라게 해주신 것 감사합니다.
6	친구가 좋은 가방에 새로 산 운동화 신고 자랑할 때 나의 부러워하는 모습을 보시고 마음 아파하신 어머니 감사합니다 .
7	일주일 후 비닐 축구화 사주시고 새 가방 사주시고 어깨 토닥토닥 두드려주신 어머니 진심으로 감사합니다.
8	저희 3남매를 키우시기 위해 온갖 힘든 밭농사, 논농사 일을 마다하지 않으신 어머니 감사합니다.
9	맛있는 거 사달라고 조를 때마다 몸빼바지 안에서 천지갑을 꺼내 웃으시며 건네주신 어머니의 손길 지금은 알 것 같습니다. 감사합니다 .

10	3남 자식 밥투정, 반찬투정에 한 번도 화를 내지 않으시고 김치를 찢어서 숟가락 위에 올려주시던 어머님 사랑하고 감사합니다.
11	나이 드신 할머니를 온 정성을 다하여 목욕수발 마다않으신 어머니 존경하고 감사합니다.
12	그러신 어머니를 보고 효가 무엇인지 당신의 실천을 통해 깨닫게 하신 어머니 정말 감사합니다.
13	아버지가 오락으로 가정을 등한시할 때에도 논일, 밭일 소홀함이 없으시고 오직 자식사랑으로 키워주신 어머니 감사합니다.
14	초등학교 졸업식날 기억이 납니다, 어머니께서 읍내에 나가셔서 귀하고 귀한 자장면 사주신 것. 태어나서 처음 먹게 해주심에 감사합니다.
15	자장면이 얼마나 맛있던지 아마 영원히 잊지 못할 겁니다. 어머니와의 소중한 추억 오래 간직하게 해주셔서 감사합니다.
16	학창시절 공부 안 하고 놀기 좋아하고 부모님 속 많이 썩여드렸는데 그럴 때마다 혼내지 않으시고 널 믿는다 말씀해주신 어머님 감사합니다.
17	어린 시절 아버지와 함께 산에 가서 밤을 따던 기억이 납니다. 가시에 찔리고 아프고... 격려와 용기를 주셨던 아버지 감사합니다.
18	문중 살림살이를 도맡아 책임지셨던 아버지, 한학박사로 통하시던 아버지 덕분에 선현들의 명심보감의 글귀를 깨우쳐주심에 감사합니다.
19	명절이 되기 전, 성묘 갈 때 항상 저를 데리고 다니셨는데 그땐 왜 나만 데리고 다니냐고 투정 부린 기억이 납니다. 하지만, 아버지 감사합니다.
20	겨울철이 되면 멋진 스케이트를 만들어주시고 하늘 높이 날릴 수 있도록 연을 손수 만들어주셨던 아버지 존경하고 감사합니다.
21	멋진 팽이도 만들어주시고 자전거도 태워주시면서 공원으로 산책도 나가고 소중한 추억 만들어주심에 감사합니다.
22	공부도 남들보다 잘하려면 그들과 똑같이 해서는 안 된다고 몇 번이고 얘기해주셨던 일 지금도 생생합니다. 감사합니다.

23	한자 공부 금방 가르쳐주셨는데도 물어보면 대답 못하고 멍하니 있는 내 모습에도 미소를 지으시며 상세히 설명을 해주셔서 감사합니다.
24	지금의 나의 존재는 부생아신 모국오신으로 부모님의 노고와 사랑과 배려와 관심에서 생겨나지 않았나 생각합니다 감사합니다.
25	우리 아버지는 단 하루라도 쉬는 것을 좋아하지 않는 줄 알았습니다. 아버지 너무 고생이 많으십니다. 감사합니다.
26	우리 아버지는 웃으시는 것을 모르시는 줄 알았습니다. 때로는 근엄하게 채찍질해주시고 충고해주심에 감사합니다.
27	아버지는 아들이 장가가는 것을 보고 마냥 기뻐만 하시는 줄 알았습니다. 3남 자식들 모두 허리 휘게 해드렸습니다. 감사합니다.
28	아버지는 어머니 외에는 아는 여자라고는 한 사람도 없는 줄 알았습니다. 가장으로 단란한 가정을 지켜주심에 정말 감사드립니다.
29	아버지는 배가 빨리 불러와 좋은 음식 앞에서 먼저 일어나시는 줄 알았습니다. 아버지의 깊은 뜻 존경합니다, 그리고 감사합니다.
30	아버지는 양복 입고 넥타이 매시는 것을 싫어하시는 줄 알았습니다. 늘 근검절약에 앞장서오신 아버지 감사합니다.
31	아버지는 우리가 하는 말을 귀담아 듣지 않으신 줄 알았습니다. 삼사일언으로 늘 실천적 교훈을 주신 아버지 감사합니다.
32	아버지는 아무리 깊고 험한 길을 걸어가도 조금도 두려워하지 않는 줄 알았습니다. 용기를 잃지 않으신 아버지 감사합니다.
33	아버지 눈에는 눈물이 한 방울도 없는 줄 알았습니다. 인내는 쓰나 열매는 달다라는 교훈을 주시고 계신 아버지 감사합니다.
34	아버지는 우리가 객지로 떠나는 것을 좋아하시는 줄 알았습니다. 밭에서 직접 기르신 채소들을 택배로 보내주시어 늘 감사합니다.
35	가는 세월 갓으로 막고 오는 세월을 막대로 치렸더니 어느새 세월이 먼저 알고 늘어만 가시는 주름살에 마음이 아픕니다. 아버지 감사합니다.

36	맛있는 거 드시다 어머니가 안 계시면 꼭 어머님 것을 챙겨놓으시는 노년 부부사랑을 손수 보여주시는 아버지 감사합니다.
37	우리 어머니는 엄마가 보고 싶지 않은 줄 알았습니다. 불효부모 사후회라... 살아 생전에 할머니께 지극정성으로 돌봐드렸던 어머니 감사합니다.
38	어머니는 첫사랑이 없는 줄 알았습니다. 이날 평생 살아오시면서 변함 없으신 자식사랑으로 돌보아주신 어머니 감사합니다.
39	어머니 몸은 절대 아프지 않은 어떤 특별한 몸이신 줄만 알았습니다. 어머니 정말 존경하고 사랑합니다.
40	어머니는 어렸을 때부터 아무 꿈도 품은 적이 없는 줄 알았습니다. 오직 자식들 뒷바라지에만 정성을 쏟으신 어머니 감사합니다.
41	우리 어머니는 특별히 좋아하시는 음식이 한 가지도 없는 줄 알았습니다. 밥 먹을 때마다 생선 다 발라주셨던 어머니 감사합니다.
42	어머니는 얼굴이 고와지고 몸매가 날씬해지시는 것에는 전혀 관심이 없으신 줄 알았습니다. 어머님의 희생정신 너무 감사합니다.
43	어머니는 모든 것을 좋게 받아들이고 아무 불만도 없으신 줄 알았습니다. 늘 인내로 바르게 키워주신 어머니 감사합니다.
44	온 가족이 신앙 생활을 할 수 있어서 감사합니다.
45	신앙생활을 통해서 절제하는 삶과 기도하는 삶을 살아갈 수 있음에 감사합니다.
46	누군가를 위해 기도하고 내 동료를 위해 기도하고 회사를 위해 기도하고 더 크게는 나라를 위하여 기도할 수 있음에 감사합니다.
47	믿음생활 중에 좋은 목사님 만나게 해주신 것에 감사하고 늘 우리 가정의 건강과 행복을 기도로써 빌어주시는 목사님, 사모님 감사합니다.
48	신앙생활을 통해서 자녀들이 탈선하지 않고 아름답게 살아가는 모습과 교회당 안에서 여러 성도들과 좋은 교제 갖게 해주심에 감사합니다.

49	나와 평생 함께할 배우자를 만나게 해주심에 감사합니다.
50	몸은 조금 불었지만 아담하고 운동으로 다져진 탄탄한 몸매와 귀여운 모습으로 내 품에 쏘옥 품을 수 있어서 감사합니다.
51	머리숱은 적고 흰머리도 듬성듬성 보이지만 길게 기른 머리 모습이 아름답고 귀여워 감사합니다.
52	너무 늦게 만났지만, 후회한단 말 한번 안 하고 지금까지 나 하나만 바라보고 살아준 것에 대해 감사합니다.
53	조그만 국수집을 운영하면서 맛나는 음식 솜씨와 책임감, 그리고 남을 위해 봉사하고 배려하고 솔선수범하는 모습에 감사합니다.
54	힘들고 속상한 일 있을 때마다 내 옆에서 든든한 벗이 되어준 마누라님에게 감사합니다.
55	집안의 모든 대, 소사를 혼자서 챙기며 힘들다고 말한 적 한 번도 없는 여보 감사합니다.
56	만남 이후 하루도 쉬지 않고 집안일과 식당일에 최선의 노력을 다하고 있는 당신 사랑하고 감사합니다.
57	너무도 검소한 옷차림이기에 좋은 옷도 사 입으라고 말해도 자기 몸 가꾸는 것은 자기가 알아서 하겠다고 말하는 여보 감사합니다.
58	항상 자식 먼저, 남편 먼저 생각하며 자신을 나중에 생각하는 마눌님께 미안하고 정말로 감사합니다.
59	자신의 옷 사러 갔다가 자식들 옷을 먼저 챙기고 남편 옷부터 챙기는 여보 사랑하고 감사합니다.
60	어딜 가나 남편부터 먼저 챙겨주고 남편 기 세워주는 당신, 멋지고 최고입니다. 진심으로 존경하고 사랑하고 감사합니다.
61	그런 사랑과 헌신이 있기에 우리 가정은 이렇게 행복한가 봅니다. 믿음과 소통 안에서 웃어서 행복해지는 우리 가정 지켜주심에 감사합니다.

62	나도 가정과 자식과 당신을 위하여 최선을 다할 수 있도록 항상 배려하고 믿음 주는 당신이 늘 그립고 감사합니다.
63	자녀는 부모의 거울이라고 합니다. 요즘 자식 모두 바르게 자라주고 말도 잘 듣고 대화하고 소통할 수 있어서 너무나 감사합니다.
64	가족의 소중함, 동료의 소중함, 주변 친구들, 그리고 나에게 도움을 주신 분들의 소중함에 대해 깊이 뿌듯함에 감사합니다.
65	감사나눔 실천으로 긍정과 소통의 문화의 장을 열어준 회사에 감사합니다.
66	감사나눔 실천으로 배려와 나눔의 문화를 확산시켜주시는 회사에 감사합니다.
67	다음 68번부터는 회사에 대한 사랑의 감사를 시조 형식으로 읊어보겠습니다. 회사에 대하여 사랑을 느끼게 해준 내 자신에게 감사합니다.
68	우리 회사 다녀보니 감사할 일 엄청 많네 봉사활동 활발하네 꾸준하게 선행 쌓네 저세상에 가더라도 옥황상제 뵐 낯 있네… 감사합니다.
69	우리 회사 다녀보니 감사할 일 엄청 많네 여직원들 엄청 많네 출근 즉시 행복모드 사내커플 흔하다네 가족인가 동료인가… 감사합니다.
70	우리 회사 다녀보니 감사할 일 엄청 많네 포항 가도 맛집 천지 광양 가도 맛집 천지 출장길은 맛집탐방 여행가는 기분일세… 감사합니다.
71	우리 회사 다녀보니 감사할 일 엄청 많네 선배들은 후배존중 후배들은 선배존중 선진국형 수평문화 군대문화 옛날얘기… 감사합니다.
72	우리 회사 다녀보니 감사할 일 엄청 많네 응가할 때 비데 사용 쾌변생활 이어지네 쓰다 보니 이제 나는 비데 없인 못살겠네… 감사합니다.
73	우리 회사 다녀보니 감사할 일 엄청 많네 화장실은 충당두곳 줄서본 적 없었다네 바지에다 쌀 일 없네 품위유지 가능하네… 감사합니다.
74	우리 회사 다녀보니 감사할 일 엄청 많네 직원 의견 게시판에 할 말 실컷 다 한다네 백분토론 안 본다네 게시판이 더 재밌네… 감사합니다.

75	우리 회사 다녀보니 감사할 일 엄청 많네 사오정도 오륙도도 우리에겐 해당없네 근속년수 엄청 기네 무덤에서 퇴직 맞네… 감사합니다.
76	우리 회사 다녀보니 감사할 일 엄청 많네 육아휴직 부담없네 근무기간 쳐준다네 출산율이 상승하네 애국지사 따로없네… 감사합니다.
77	우리 회사 다녀보니 감사할 일 엄청 많네 한해 한번 건강검진 이런 회사 별로없네 잘났다는 삼송회사 두해 한번 이더이다… 감사합니다.
78	우리 회사 다녀보니 감사할 일 엄청 많네 영양사님 친절미소 밥맛 절로 돈는다네 반찬투정 잊었다네 그녀 없인 식사거부… 감사합니다.
79	우리 회사 다녀보니 감사할 일 엄청 많네 식당메뉴 웰빙이네 엠에스지 흔적없네 국과수에 정밀분석 의뢰해도 안 나오네… 감사합니다.
80	우리 회사 다녀보니 감사할 일 엄청 많네 회식문화 부담없네 아홉시 전 끝난다네 회식 땜에 스트레스 어느 회사 이야긴가… 감사합니다.
81	우리 회사 다녀보니 감사할 일 엄청 많네 유통유신 유신필립 무통불신 무신불립 소통되니 만사형통 경영자님 잘만났네… 감사합니다.
82	우리 회사 다녀보니 감사할 일 엄청 많네 노트북이 고장나도 신경쓸 거 전혀없네 직원 실력 끝내주네 그대들은 맥가이버… 감사합니다.
83	우리 회사 다녀보니 감사할 일 엄청 많네 명절 지급 건어물포 떡값치곤 풍성하네 부이사장 놀랍다네 존경심이 영원하네… 감사합니다.
84	우리 회사 다녀보니 감사할 일 엄청 많네 웰빙룰라 시엠송은 이수원님 불러주네 목소리가 감미롭네 오빠부대 사내결성… 감사합니다.
85	우리 회사 다녀보니 감사할 일 엄청 많네 전패밀리 금연운동 하라할 땐 괴롭지만 끊어보니 전직원들 기대수명 늘어났네… 감사합니다.
86	우리 회사 다녀보니 감사할 일 엄청 많네 독서토론 활발하네 열린토론 침튀기네 머리 맞대 토론하니 지식수준 올라가네… 감사합니다.
87	우리 회사 다녀보니 감사할 일 엄청 많네 휴가 사용 자유롭네 눈치따윈 안 본다네 리프레쉬 하고 오네 생산성은 무한상승… 감사합니다.

행복하게 성공하는 주 5일 근무시대의 필독서

김종규 박사의 아바타수입
김종규 지음 / 224쪽 / 값 12,500원

〈드림빌더〉 김종규 박사가 당신에게 묻습니다.
원하는 삶을 살고 싶다면 당신의 1순위는 무엇입니까?
풍부한 강연 경험으로 널리 알려진 김종규 박사의 '한 번 구축하면 평생 수입이 들어오는 아바타 수익 시스템'을 현실적이고 단계적인 방법으로 상세히 기술한 책으로 시스템을 통해 평생 수익을 얻는 방법을 제시하고 있다.

절대긍정으로 삶을 개척한 드림빌더의 신화!
드림빌더
김종규 지음 / 278쪽 / 13,000원

'드림빌더' 이론은 아무리 작은 꿈이라도 일단 꿈을 품는 자는 성공의 계단에 들어서게 된다는 원칙을 중심으로 아무리 힘들고 어려운 상황에서도 꿈을 가지고 꿈의 성취를 지속시키는 자는 승리한다는 점을 말한다. 나아가 이 책은 풍부한 경험과 사례, 강력한 공식으로 큰 호응을 받고 있음은 물론, 현실 속에서 함께 꿈꾸고 그 꿈을 성취하고자 하는 많은 이들의 삶의 재기를 이끌어낸다.

삶을 역전시키는 창의성유머
김종석 지음 / 264쪽 / 값 12,000원

웃음의 달인
김종석 지음 / 192쪽 / 값 10,000원

CEO들에게 가장 인기 있는 개그 강좌 스타 김종석 박사의 유머 매뉴얼

88	우리 회사 다녀보니 감사할 일 엄청 많네 복지카드 포인트가 날로 달로 늘어 나네 연말정산 필요없네 요 돈이면 행복하네… 감사합니다.
89	우리 회사 다녀보니 감사할 일 엄청 많네 칭찬제도 불이 났네 불꽃경쟁 돌입 하네 비행기를 너나저나 못 태워줘 안달이네… 감사합니다.
90	우리 회사 다녀보니 감사할 일 엄청 많네 능력위주 인재등용 학연지연 옛날 얘기 그런 직원 있다구요 우리 직원 아닙니다… 감사합니다.
91	우리 회사 다녀보니 감사할 일 엄청 많네 휘트니스 운동기구 하나둘이 아니 라네 답답할 때 해봤더니 머리 화악 맑아지네… 감사합니다.
92	우리 회사 다녀보니 감사할 일 엄청 많네 사내공모 활발했네 여기저기 기회 많네 언제든지 변신 가능 경력관리 걱정없네… 감사합니다.
93	우리 회사 다녀보니 감사할 일 엄청 많네 일과 삶의 균형 강조 선진국형 직원 배려 행복지수 고공상승 충성도는 무한증폭… 감사합니다.
94	우리 회사 다녀보니 감사할 일 엄청 많네 감사나눔 오대항목 먼저 인사 밝게 웃기 선행하기 양서 읽기 감사하기 기쁨만족… 감사합니다.
95	우리 회사 다녀보니 감사할 일 엄청 많네 상시평가 제도 통해 매월 평가 이어 지네 스피드와 효율성이 쭉쭉쭉쭉 올라가네… 감사합니다.
96	우리 회사 다녀보니 감사할 일 엄청 많네 비까번쩍 휘트니스 강남클럽 부럽 잖네 뱃살 쏘옥 근육 불끈 전직원이 몸짱 예약… 감사합니다.
97	우리 회사 다녀보니 감사할 일 엄청 많네 여직원들 잘생겼네 친절하게 응대 하네 호텔리어 따로없네 호텔인가 착각하네… 감사합니다.
98	우리 회사 다녀보니 감사할 일 엄청 많네 행복나눔 전도사가 직원들을 웃겨 주네 행복지수 팔십구점 그게바로 증명하네… 감사합니다.
99	우리 회사 다녀보니 감사할 일 엄청 많네 실행중시 인간존중 도전추구 윤리 준수 패밀리사 핵심가치 꿈에서도 잊으리오… 감사합니다.
100	우리 회사 다녀보니 감사할 일 엄청 많네 우리회사 부이사장 경영철학 완전 멋져 고객공경 친절행복 고객만족 나의기쁨… 감사합니다.

오경택 행복전도사의
유머 프로그램

> ❝ 열정이 넘치는 당신이 되기를 원하십니까?
>
> 고객을 사로잡는 재미있고 감동적인 스피치를 원하십니까?
>
> 직원들의 사기 진작과 창의력 향상이 요구됩니까?
>
> 직원들의 혁신적인 업무 능력이 요구됩니까?
>
> 원만한 대인 관계와 리더십이 필요하십니까? ❞

[유머 특강 프로그램]

1. 리더의 유머스피치

2. 고객의 마음을 사로잡는 유머 스킬

3. 리더의 유머 테크닉과 유머 활용 기법

4. 대중 유머스피치 활용기법

[교육개요]

1. 대상 : 전 사원, 영업 사원, 여사원, 신입 사원, 관리자, 사내 강사 및 교육 담당자

2. 방법 : 강의식, 게임식, 참여식, 개인 컨설팅식

[강사]

오경택

전화 : 010-8868-7171 ㅣ메일 : gisan2002@poswel.co.kr

거시기는 '이름이 얼른 생각나지 않거나 바로 말하기 곤란한 사람 또는 사물을 가리키는 대명사' 입니다.

여기서 중요한 대목은 '바로 말하기 곤란한 사람 또는 사물' 이지요.

코미디 중에서도 수준 높은 것이 바로 블랙 코미디입니다. 바로 말하기 곤란한 사람이나 사물을 돌려 말하며 정곡을 찌르는 것입니다.

유머란 이런 것입니다. 촌철살인, 한마디 말로 남을 감동시키거나 상대의 약점을 찌를 수 있는 것.

그래서 유머는 현대인의 무기입니다.

현대는 웃겨야 사는 시대입니다. 한 나라의 지도자든 한 회사의 CEO든 좌중을 단숨에 휘어잡을 수 있는 유머감각이 절대적으로 필요한 시대입니다.

부하를 이끄는 리더십도 이제 부드러운 웃음의 리더십이 각광받고 있습니다. 카리스마로 사람들을 이끄는 리더십은 이미 고전이 된 지 오랩니다.

그러나 적재적소에 유머를 구사하여 좌중의 주의를 환기시키고 자연스럽게 이끌어오는 것은 쉽지 않은 일입니다. 더욱이 딱딱한 제도 교육을 받고 권위적인 집단에 소속되어 살아온 우리나라의 중년 남성들에게 상황에 맞는 유머감각까지 요구하는 것은 너무 잔인한 일이라는 생각이 들 정도죠.

그러나 서방의 경우 재치 있는 말주변과 세련된 유머감각이 무엇보다 중요한 리더의 자질로 평가받는다는 이야기는 많이 들어보았을 것입니다. 그것이 우리에게는 해당되지 않는 이야기라고 여겼지요.

그러나 21세기 들어 우리나라에도 부드러운 카리스마와 웃음이 동반된 리더십이 점점 더 요구되는 사회 분위기가 형성되고 있다는 것을 이미 인지하신 분들이 많을 거라 생각됩니다.

이 책을 통해 독자 여러분이 유머의 의미와 많은 팁을 얻어 갈 수 있었다면 저는 행복합니다.

살면서 웃음을 잃지 마십시오.

살면서 유머를 잊지 마십시오.

그것이 여러분의 성공과 행복에 황금열쇠가 되어줄 것입니다.

오경택의
거시기, 머시기 유머

1판 1쇄 인쇄 | 2013년 05월 15일
1판 1쇄 발행 | 2013년 05월 22일

지은이 | 오경택
발행인 | 이용길
발행처 | MOABOOKS 모아북수

관리 | 정윤
디자인 | 이룸

출판등록번호 | 제 10-1857호
등록일자 | 1999. 11. 15
등록된 곳 | 경기도 고양시 일산동구 호수로(백석동) 358-25 동문타워 2차 519호
대표 전화 | 0505-627-9784
팩스 | 031-902-5236
홈페이지 | http://www.moabooks.com
이메일 | moabooks@hanmail.net
ISBN | 978-89-97385-30-0   03320

모아북수 MOABOOKS 는 독자 여러분의 다양한 원고를 기다리고 있습니다.
(보내실 곳 : moabooks@hanmail.net)